段階的なアプローチが分かりやすい

無理せずに勝てる
交渉術

G・リチャード・シェル 著
成田 博之 訳

Bargaining for Advantage
Negotiation Strategies for Reasonable People
second Edition
by G. Richard Shell

BARGAINING FOR ADVANTAGE : Negotiation Strategies for
Reasonable People Second Edition
by G. Richard Shell

This edition published by arrangement with Viking, an imprint
of Penguin Publishing Group, a division of Penguin Random
House LLC through The English Agency (Japan) Ltd.

はじめに

　私は、ペンシルベニア大学ウォートン校で、世界でトップクラスの学生やエグゼクティブなビジネスマンに交渉術を指導している。また、「ウォートン・エグゼクティブネゴシエーションワークショップ」と呼ばれるシニアマネジャーのための交渉講座のディレクターも務めていて、交渉の専門家でもある。

　そんな私でも、交渉は難しいと思う。ときには「しまった！　これも交渉だったのか」と後から気づくこともある。

　例えば、先日、家族と夕食をとっていると、電話が鳴った。かけてきたのは隣家の高校生の娘エミリーだった。

「学校のソフトボール部で、冬の遠征費を稼ぐために資金集めをしているんです」とエミリーは言った。「オレンジやグレープフルーツなどの柑橘系果物を売っているんですけど、いくつか買ってもらえませんか？」

　隣家とは家族ぐるみの付き合いで、エミリーのことは4歳のときから知っている。当然、手助けしてやりたいと思ったので、「詳しく聞かせて」と私は答えた。

エミリーは、さまざまな詰め合わせの値段を説明しはじめた。お試しセットなら11ドル、グレープフルーツがメインのセットなら20ドル、豪華詰め合わせなら35ドルだという。35ドル分の果物が届いたら、保管する所がないなと私は考えをめぐらせた。

「よし、じゃあ11ドルのセットをいただくよ」

そう答えた瞬間に、私の妻のロビーがこう叫んだ。「エミリーにモルモットのことを聞いてみて！」

何のことかわからず戸惑う私に、長男のベンが、大きな声でつけ加えた。「ネッドのモルモットのことだよ。今週末に、僕らが留守にする間、ネッドのモルモットを彼女に預かってもらえないか聞いてみて」

そうだった。8歳になる次男のネッドが最近モルモットを飼い始めたので、感謝祭で留守にする今度の週末に面倒をみてくれる人を探さなくてはならなかったのだ。

私は電話に戻った。「エミリー、今週末はうちにいるかい？」

「ええ」

「じゃあ、ネッドのモルモットを預かってくれないかな。うちは一家でニューヨークに行くので、預かってくれる人を探しているんだよ」

「いいですよ」。明るく答えた彼女は、間髪入れずにたたみかけてきた。「じゃあ、そのかわり

20ドルのセットを買ってもらえますか?」

やられた。「もちろんいいよ」。私は笑って答えた。20ドルのセットを買わせていただきましょう」

ウォールでの企業巨大合併から、家庭で子供がお小遣いをねだる日常行為まで、「交渉」は実に幅広く、つくづく難しい。だからこそ、大学で交渉術を教えるクラスの人気が高いのもうなずける。社会に出ればさまざまな場面で、交渉力が、厳しく問われるのはわかっているからこそ、学生達は不安を自信に変えていきたいと思うのだろう。

これは賢明な判断だ。交渉を成功させるうえで、不安は大きな足かせになる。不安をもっていると、地に足のついた思考ができないうえ、視野も狭くなってしまう。

何より、不安にかられた人は「どうやって交渉したらいいか」という問題に対して安易な解決法を求めてしまいがちだ。「ウィン‐ウィン交渉」(双方が満足できる交渉)や「ウィン‐ルーズ交渉」(片方のみが満足する交渉)といった万人向けのシンプルな「お題目」にすがって、自信を持とうとするのである。

だが、このように交渉を単純化しようとしてもうまくいくはずがない。

交渉は、誰がどんな状況のもとに行なうかによって、実に多様な展開を見せる。たった一つの戦略で太刀打ちできるほど単純なものではないことは、経験を積んだ交渉人ならみんな知っていることだ。

したがって、本当の交渉力を身につけるためには、単純な公式の先にあるものを学ぶ必要が出てくる。不安と向き合い、どれ一つとして同じ交渉はありえないという事実を受け入れ、そのつど柔軟に対応していく方法を学ぶと共に、交渉の核となる倫理観と自尊心を築かなくてはならない。それには交渉プロセスについての信頼できる知識を得ることだ。

そうした知識が手近にないわけではない。交渉に関する研究や論文は山ほどある。だが、一般の人にはなじみが薄いだろう。それに、一般の人向けに書かれた交渉術の本にしても、内容の良し悪しを見抜くのは難しい。スポーツ選手やハリウッド俳優に有効なテクニックが、あなたにも有効とは限らない。

どんな人でも「できるネゴシエーター」になれる

そこに、私が本書を書こうと思い立った理由がある。どんな人でも使えるテクニックはないものか——。

私は、専門的な論文から一般向けの本まで、交渉に関する多くの文献を徹底的に調べ、交渉を成功させるための考え方やアプローチを探した。忙しい人でも読めるように、その成果をすっきりとまとめたのが本書である。

交渉についての私のアプローチの基本となるのは、交渉を実際に行なう本人、つまりあなた自身だ。私の経験からも多くの研究結果からも言えるのは、どんな人でも有能なネゴシエーターになれる要素をすでに持っているということである。

あなた自身の交渉の「道具箱」に、あなたの「交渉の道具」はすでに揃っている。あなたが現在までに培ってきたコミュニケーションと認知の能力、それこそが、交渉の成功に欠かせない「道具」なのだ。現在の能力はどうであれ、自分の長所と短所を知り、慎重に計画を練って、訓練を通じて自分の「道具」を研ぎ澄ませば、交渉力は必ず伸びる。

もともと協力好きで、人と折り合っていくタイプの人がいる。または、競争好きな人もいる。その中間という人もいるだろう。

交渉スタイルを選ぶ時に、唯一気をつけなくてはならないのは、「自分に合った方法をとる」ということだ。戦術を駆使する手法を嫌々取っていても、成果が上がるはずがない。次の戦術のことで頭が一杯になっているうちに、相手が示した重要な糸口や情報を見逃す可能性もある。

成功するために、ずるく立ち回る必要はない。しかし、警戒心をもち、慎重であることが大切だ。優れたネゴシエーターは、交渉に真正面から取り組み、たくさんの質問を投げかけ、相手の言うことによく耳を傾け、相手と共に問題解決に集中する。

交渉は、一部の人にしか理解できないような難解な世界ではないが、直観だけで乗り切れるほど単純なものでもない。直観だけに頼っているのでは、どんな人でも裏切られることがある。交渉力を向上させるには、思い込みを一掃し、新しい考え方を柔軟に受け入れることが必要だ。何より交渉プロセスにおいて、非常に重要な役割を果たす「水面下の心理」について知っておかなければならない。「できるネゴシエーター」は、単に相手の提示した額や反論にだけ注目しているのではない。表面には出てこない心理面の動きや駆け引きにも気を配っているのである。何かを提案するタイミングはいつがいいのか。こちらにとってはただで提供してもいいような些細なことを、相手に「うまく勝ち取った」と思わせるにはどうしたらいいか……。

こうした知識を頭に入れれば、あなたは、交渉をもっと正確に「読む」ことができるようになり、自信をもって次に打つ手を決めることができる。

情報力が勝負

交渉に関する私のアプローチ方法では、情報を重視するところが、特色として挙げられる。本書では、交渉の3つの面に特に注目する。

①交渉を始める前に交渉プランの策定と準備をしっかり行なうこと。

②相手の主張に注意深く耳を傾けて相手の本心を探り出すこと。
③交渉が始まってからは相手の言動が発信する「シグナル」に注意すること。

第1部では、交渉を始める前に知っておきたい6つのポイントに焦点をあてる。交渉のスタイル、目標、権威のお墨付きや相場などの「後ろ盾」の必要性、人間関係、相手側の利害、そしてあらゆる交渉においてカギを握るレバレッジ（優位性）の6つである。

第2部では、第1部で得た知識を活かして実際の交渉プロセスを検証する。戦略の立て方から予備交渉としての情報交換の仕方、実際のやりとり、そして話がまとまるまでに至る4つのステップを順に追っていく。

わかりやすい説明をするために、本書では、交渉の達人にたくさんご登場願った。ソニーの創業者の人である盛田昭夫をはじめ、J・P・モルガン、ジョン・D・ロックフェラー、アンドリュー・カーネギー、ドナルド・トランプなどそうそうたる顔ぶれだ。達人たちが交渉をどうやって成功に導いたのか。あるいは、失敗したのはなぜなのか。参考にしてもらえれば幸いだ。

また、こうした人々の「交渉に臨む姿勢」にも大いに注目してほしい。優れたネゴシエーターは、交渉に真剣に取り組むだけでなく、プロとして交渉プロセスを客観的に見る目も兼ね備えている。相手がどんな行動に出ようとも落ち着いて対応し、地道な努力を重ねて目標達成を目指すのである。

それだけではない。「できるネゴシエーター」は、自分なりの倫理的基準も持っている。どこまでが許容範囲内でどこからが許されないのか、交渉における倫理という難しい問題には本書の終わり近くで触れる。

それではスタート！

最後に、ニューヨークの弁護士で、企業合併や交渉に関する著作の多いジェームズ・C・フロイントのこんな言葉を紹介したい。

「結局、机上の勉強で交渉の何たるかを学ぶことはできない。実際に交渉してみることが大事だ」

まさに同感である。本書は、より良い交渉を行なうための手引きにすぎない。ここで得られた知識は実戦で使ってこそ初めて身に付き、活かされる。経験を重ねて自信を得るにしたがって、交渉への不安は薄れていくだろう。交渉は楽しい――。誰もがそう思える日が来ることを、心から願っている。

◇目次◇

はじめに　1

第1部　基礎編
交渉を始める前に知っておきたい6つのポイント　11

ポイント1　性格に合った交渉スタイルを取ろう　13
ポイント2　目標と期待感。狙うゴールをはっきりさせよう　55
ポイント3　自分をフェアに見せてくれる鎧（よろい）で武装しよう　77
ポイント4　人間関係をうまく活用しよう　101
ポイント5　相手の真の望みを突き止めよう　125
ポイント6　レバレッジを押さえて優位に立とう　141

第2部　実践編

交渉を進めるうえで知っておきたい4つのステップ　179

ステップ1　まずは戦略を立てよう　181
ステップ2　相手と情報を交換しよう　213
ステップ3　本題に入る時は、この手でいこう　239
ステップ4　契約内容と遂行の意思を確認しよう　265

交渉における倫理　嘘はどこまで許されるのか　285
おわりに　これであなたも「できるネゴシエーター」だ　316
付録A　交渉のスタイルアセスメントツール　329
付録B　交渉プランニングシート　355

第1部

基礎編

交渉を始める前に知っておきたい6つのポイント

ポイント1　性格に合った交渉スタイルを取ろう

パンを焼くには自分の持っている小麦粉を使うしかない。

――デンマークの言い伝え

ニューヨーク摩天楼、レキシントン・アベニューに立つ高層ビルのオフィスにある会議室に、二人の男性が入ってきた。1月の実に冬らしい寒い日だった。心のこもった挨拶を交わしたが、どちらも明らかに緊張している様子だ。そのまま、大きなテーブルを挟んで向かい合わせに腰を下ろす。こうして、巨大企業2社の合併交渉の幕が切って落とされた。

男性の1人は、ピーター・ジョバノビッチ。由緒あるアメリカの出版社ハーコート・ブレイス・ジョバノビッチ（ＨＢＪ）の社長である。創業者の息子である彼は、経営危機の瀬戸際にある会社をどんな形であれ存続させたいと強く願っていた。

向かいに座っているのは、ディック・スミス。ジェネラル・シネマを率いるエネルギッシュな起業家だ。同社は潤沢な資金を有する巨大複合企業で、出版界進出への足がかりとなる企業を物色していた。

期待顔で二人を囲んでいるのは、双方が連れてきた法律や財務のブレーンたちだ。交渉のテーブルにつくにあたっては、彼らが「台本」を練り上げてきていた。

スミスは、買収をもちかけるつもりだった。数カ月を費やしてリサーチした結果、ＨＢＪが理想の相手だという結論に達していたからだ。だが、こちらのプランにジョバノビッチが賛成するかどうかはわからない。ならば、ジェネラル・シネマが、しっかりした財政基盤を持つ信用ある会社だということを詳しく説明しよう――これが方針だった。ＨＢＪの苦境に同情し、救いの手を差し伸べるつもりがあることを示す。ただし、高く買収してもらえると期待させてはいけない。

一方のＨＢＪ側も、生き残るためには、ジェネラル・シネマに買収してもらうのが最善の道だと判断していた。そこで、交渉ではジョバノビッチに「聞き役」に回ってもらうというのがブレーンの考えた方針だった。興味をもって話を聞いているという雰囲気を出す。ただし、明確な態度は見せないようにする。軽々しく話に乗ったり、切羽詰まっていると悟られたりしてはならない。

実際の交渉が始まり、スミスが口火を切った。ところが、すぐにジョバノビッチがそれを制した。「台本」にない動きだ。何をするつもりだ?――ＨＢＪ側のブレーンは青くなった。

味方の動揺を尻目に、ジョバノビッチは、上着のポケットから小さな箱を取り出し、テーブルの真ん中に置くと、ふたを開けてみせた。なかには「ＨＢＪ」の文字が刻まれた腕時計が入っていた。彼は、その箱をスミスの方に押しやりながら言った。

「私の父は、新しくおつき合いをさせていただくビジネスパートナーにはいつも、ＨＢＪの文字入りの腕時計を差し上げていました。私は、御社に買収していただくのが一番だと信じています。この時計は信頼の証しです」

相手に全幅の信頼を寄せていることを交渉開始時に示す——。それが、どんなに思い切った行動であるかは、ジョバノビッチもスミスもよく理解していた。ピリピリしていた部屋の空気がなごんだ。その後、二人は契約の具体的な内容について熱心に話を始めた。ブレーン達も実務交渉に入った。話し合いは夜通し続いた。

山に向かって語る

はるか昔、数千マイル離れた東アフリカ・タンザニアのある渓谷で、アルーシャの長老が２人、大木の下で向かい合っていた。それぞれ別の一族の長である２人には、仲間がずらりと付き従っている。木立の向こうには、標高４５６５ｍのメルー山がそびえ立っていた。

アフリカでは、日陰をつくってくれる木の下が「会議」の場だ。アルーシャの村でも、木陰は、重要な用件をのんびりと語り合うための大切な場所だった。

一同は、隣人同士２人の農民の間で起きているいざこざについて、交互に見解を述べていった。

まず長老が、それぞれの苦情を申し立て、相手のさまざまな悪行に対して償いを求めた。次に、当事者である農民2人がそれぞれ大声で相手の要求を却下し、自分達の長が述べた見解を補足した。さらに、その言葉を仲間達が復唱した。

問題の根底にあったのは、二人の農地の間に位置する空き地の所有権だ。かつてはある一族の所有地だったが、その家系が途絶えたため、2人が、所有権を主張し始めたのである。

所有権問題はこじれ、一方の農民の息子が相手の土地に入り込んで用水路の門を壊した。被害を受けた農民は、自分の土地に侵入した相手の息子を殴った。そこで殴られた息子の父親が長老に訴え出て、問題の根本的な決着をつけるべく正式な会議を開いてほしいと求めたのだ。

長老達の交渉は、背後に広がるアフリカの景色そのもののような雄大な主張の交換から始まった。アルーシャの言葉では、交渉のスタートを「山に向かって語る」と表現する。滑り出しは上々だった。これからたっぷり一日かけて交渉が続くことになる。誰もが弁当持参だった。

4つのステップでダンスを踊る

以上2つの例は、当事者も違えば焦点となっている問題も文化的背景も違う。しかし、どちらにも共通しているのは、当事者が「交渉」を行なっている点だ。のちほど経過を説明するが、どちらのケースも結局は双方が合意に達し、交渉は成功裡に終わった。

交渉とは、ある目標を達成し、問題を解決するために人間が行なう行為である。では、どうすれば交渉を成功に導くことができるのか――。それを解き明かすのが本書の目的である。

交渉の基本は、あらゆる文化において共通であり、人類の歴史が始まってから変わっていない。もしアルーシャの長老が、ニューヨークでのジョバノビッチとスミスの交渉に同席していたとしたら、言葉は理解できなくても、ジョバノビッチがスミスに渡した贈り物の意味は呑み込めただろう。なぜなら、アルーシャの交渉は、取引というより言い争いに近かったが、のちに紹介するように、やはり贈り物を交換することで無事に幕を閉じたからだ。

贈り物は、人間同士のつながりを象徴する万国共通の「言語」である。突き詰めれば、交渉とはそうした人間同士のつながりを決めていくプロセスなのである。

協力的なコミュニケーションを慎重に交わすことで、交渉は進む。

たいていは「準備」、「情報交換」、「実質的な取引」、そして「契約成立」という4つのステップを踏むことになる。

ビジネス最前線での複雑な交渉は、弁護士や投資アドバイザーが同席し、練りに練った「台本」に従って進行する。当事者は、問題を討論しながら、自分に有利な結論に到達できるように駆け引きしていく。

アルーシャの人々のような一般人が行なうシンプルな交渉では、当事者が、自分達の要求をはっきりさせたうえで、過大な要求をぶつけたり、それに対して大げさな反論をしたりする。その一方で、「これなら合意できる」というラインを示し、相手が許容範囲のシグナルを出すのを待ち構える。こうして徐々に現実的な譲歩の段階に移り、合意に達するのである。

交渉とは、簡単に言えば4つのステップを踏む世界共通のダンスである。ペアを組む双方がベテランのダンサーであれば、最高のダンスが踊れるものだ。

交渉の定義

人は、誰もが1日に何回も交渉する。

子供だって交渉する。子供なら、目的は「欲しいものを手に入れる」ことだ。「欲しいもの」は大人の注目だったり、ほめ言葉だったり、お小遣いのベースアップだったりする。大人になると、目的はもっと高尚になるが、よくよく考えてみると、その本質は子供の時と何ら変わらない。大人だって、欲しいものを手に入れるために交渉しているのだ。

交渉は、人間の基本的なコミュニケーションの1つだが、私たちは気づかないうちに交渉をしていることがよくある。そこで、交渉のわかりやすい定義を紹介しよう。

交渉とは、あなたが他人から何かを欲しいと思ったり、他人があなたから何かを欲しいと思ったりする時に起こりうる、双方向的なコミュニケーションの一種である。

いかがだろうか。この定義に照らしてみれば、商談だけでなくキッチンで交わされる親子の会話でさえ、ときには立派な交渉であることがわかる。

ただし、人間関係や仕事が絡む場合、私達はときおり交渉をせずに、相手の要求に対して全面的に協力したり、自分を犠牲にしたりすることがある。

例えば、大寒波の襲来で、あなたの隣の家を含む近所の何軒かが停電して、住人が助けを求めてきたとしよう。そんな時は、いちいち条件を交渉などせずに助けるのが普通だ。また、できるかぎりの顧客サービスが求められている職場で、顧客が何かを要求してきたら、やはり無条件に要求に沿うのが普通だ。

だが、交渉の入る余地のないように見えるこうした場合でさえ、よく考えると「双方向」という要素が深く絡んでいる。例えば、大寒波のケースで助けを求めてきた隣人は、しょっちゅう夜遅くまでばか騒ぎをする人で、静かにするように何度頼んでも耳を貸してくれないという「伏線」があったらどうだろうか。助けを求められても、まず他の人達を助けてからと思ってしまわないだろうか。

また、無条件に顧客の言うことを聞くのも、結局はその犠牲が売上の増加に結びつくことを期待していないからではないだろうか。

したがって、無条件でとか見返りも考えずに、１００％協力するというケースは、実際のところ非常に少ない。ほとんどの場合、私達は、広義の「交渉」をしているのである。

交渉にはいろいろな種類がある。

交渉相手が家族や友人の場合は、仕事の取引先と話をするよりも、問題解決に向けて協力しようという傾向が強くなる。やはりあかの他人と交渉するのと、好意を抱いている人と交渉するのとではやり方が違ってくるからだ。

だが一歩外へ出ると、私達は、複雑な交渉の世界に放り込まれる。銀行、商店、ホテル、航空会社、クレジットカード会社、保険会社……、日常生活で交渉しなくてはならない相手は実に多い。

価格交渉の場合、その多くは市場が仲介役となっているため、私達は、値札に書かれている価格を支払うことになる。一方で、売買の際に、粘り強く値切るのが、一種の儀式になっている地域もある。インドやエジプトの青空市場をのぞくと、客との値段交渉というきわめて単純な商取引にも、商人達が、精力を傾けていることがわかる。こうした社会では、交渉とは重要な自己表現の場であり娯楽でさえある。単なるビジネスではないのだ。

職場においては、同僚や上司、取引先と交渉する能力が、仕事を進めていくうえで大きなカギとなる。実際、誰もが日常的に最も頭を悩ませているのが、企業や組織の内部における交渉だ。

こうしたさまざまな交渉のプロセスでやきもきし、心をかき乱される人は多い。相手との軋轢、損をするのではないか、だまされるのではないかという不安はもとより、うまくいきすぎたらそれはそれで不安だからだ。こうした不安を軽減し、交渉でより良い成果を挙げるには、交渉のプロセスを理解し、うまく戦略を立てることが必要である。その第一歩は、ネゴシエーターとしての自分の性格と自分の交渉スタイルを知ることから始まる。

交渉スタイルは人それぞれ

交渉を考えるうえで、交渉する人の性格は大きな意味をもつ。さまざまな状況下で、自分は、どんな反応をするのかがつかめていないと、効果的な戦略を立てることはできない。

ワーナー・コミュニケーションズの創業者で、のちにタイム・ワーナーのＣＥＯ（最高経営責任者）となったスティーブ・ロスは、人一倍負けん気の強い経営者だ。

ある日、ロス夫妻は、社用機の中で別の夫婦とトランプに興じていた。飛行機が着陸態勢に入る直前のゲームで負けたロスは、パイロットに空港上空を旋回するように命じ、自分が勝つまで着陸を許さなかった。

ロスのビジネスのやり方は、まさにこのエピソードそのものだ。だから彼と交渉する人は、相手のこうした性格を考慮して戦略を練る必要があった。

ロスと対照的な性格なのが、ＣＮＮの人気トークショー番組「ラリー・キング・ライブ」の司会者、ラリー・キングだ。有名人の中でも屈指の「いい人」と言われている人物である。

１９８７年に、キングのエージェントは、彼に複数のテレビ局との出演交渉をさせることにした。局同士を競争させることで、相場を引き上げ、最終的にはＣＮＮのオーナーであるテッド・ターナーからギャラの大幅アップを引き出すのが狙いだった。エージェントの思惑は当たり、いくつかのテレビ局から数百万ドル単位のオファーがあった。だが、ターナーは悠然と構えていた。そこで、エージェントは別のカードをきった。他社からのオファーに見合う額をターナーが出さないなら、キングは他局に乗り換えるかもしれないと脅したのである。

しかし、キングとは長年の付き合いだったターナーは、キング自身は決してこわもてのネゴシエーターではなく、義理人情を大切にする男だということを知っていた。そこでターナーは、キングのエージェントを目の前に座らせたまま、本人に直接、電話をかけた。ひとしきり昔話に花を咲かせ、キングの人となりをどれだけ好いているかを語った後、ターナーは、「これからも一緒にやってほしいんだ」と正面から切り出した。

「いいよ」とキングはあっさり答え、「そうしよう」とターナーもうなづいた。

エージェントはあわてふためいていた。しかし、キングは満足だった。彼は自分のもらっている金額に納得していたし、ターナーのことが好きだったし、ターナーが自分を好いてくれているということにも満足していた。結局、ターナーは、キングのギャラを少し引き上げ、それですべては決着した。この勝負は、ターナーの勝ちだった。

２人の例からもわかるように、あなたがもし他人と協調することを好む「いい人」タイプの人間なら、交渉の場でスティーブ・ロスのような強気に出ようとしない方がいい。うまくいくはずがないからだ。逆に、負けず嫌いの強気なタイプであるなら、「いい人」に思われようとして相手を振り回すのは時間の無駄でしかない。

交渉にあたっては、自分らしくふるまえばいい。自分なりのスタイルで、より効果的に交渉を進められるように努力しよう。

以前、私は、世界で最も成功したインターネット関連会社を創設し、代表取締役を務めた男性を含む、数多くのハイレベルのエグゼクティブ向けのワークショップを開催したことがある。ワークショップ終了後、この男性は、交渉が苦手でいつも不快な思いをすると、私に相談してきた。そのため、できるだけ交渉は避けるようになり、彼自身、交渉下手だと思い込んでしまっていた。これまでに数十億ドルを儲けているわけで、彼の交渉力はそれほど酷くないだろうと彼に告げた。だが、彼は「それは違う」と答えた。彼は、売り手の交渉を完全に除くインターネットオークション・システムの革新的な技術開発に専念しただけで、会社にとって本当に厳しいネゴシエーションは、交渉を楽しく思う他の経営陣に委任していたのだ。交渉を任せる代わりに、彼は、戦略計画、取締役会の運営、そして、独自のオンライン・コミュニティーの発展に全力を投じていた。つまり、苦手な交渉を克服するのではなく、それを受け入れることで成功を手にしていた。

交渉術を学ぶ前に、鏡に映る自分自身をしっかりと見つめることから始めよう。最も自然で、どのような話し方が心地よいのか。ゴールを達成するために、これまで築き上げてきた効果的で戦略的な技術を、あなたはどのように使うことができるのか。あなた自身の本当の強さと才能を認識してこそ、あなたは最高のネゴシエーターになれるのだ。

自分の交渉スタイルをチェックしよう

人の個性は、千差万別だが、心理学の分野では「他人との間に摩擦が起きたらどう対処する傾向にあるか」という尺度から、性格とそれに基づく交渉のスタイルを5つに分類している。攻撃性の高いものから順に挙げると、「競争型」、「問題解決型」、「妥協型」、「順応型」、「回避型」の5つだ。他人との摩擦という状況を自分がどう感じるか……。それを的確に把握できれば、交渉に際してとるべきアプローチは、自ずと見えてくる。

では、あなたの交渉時に、どんなスタイルをとる傾向があるか判断するために、以下の簡単な思考パターンテストを試してみよう。

あなたを含め、互いに見知らぬ男女10人が会議室の大きな丸テーブルを囲んで着席している。そこへ入ってきた人が、次のような提案をした。「皆さん、それぞれ向かい側に座っている人に、立ち上がって自分の椅子の後ろに立ってくれるよう説得してください。一番早く相手を椅子の後ろに立たせた人と、２番目に早く立たせた人のお２人だけに、それぞれ賞金１０００ドルを差し上げます」

こんな突拍子もない提案をされたら、あなたはどう対応するだろうか。テーブルについている人はみんなどうしようかと考えている。即時に決断しなくてはならない。

これから先を読む前に、目を閉じて、自分ならどうするかを考えてほしい。あまり深く考えてはいけない。頭に浮かんだ行動をメモする。そして、他に可能な行動を考えてください。この可能性が以下に紹介する５つの交渉戦略とあなたの性質に深く関係していることを裏付けています。

まず、何か裏があるのではと疑ったり、見知らぬ人の提案にのって走り回ったりしたら、バカな奴だと思われるんじゃないかと考えた末、「何もしない」という選択肢がある。「交渉が嫌いなので、必要でない限り、交渉はしない」と答えるかもしれない。これは、先ほど、例に挙げたインターネット関連の企業家が好む「回避型」の回答例です。交渉を回避するのは言い逃れであって、交渉戦略ではないと思うでしょう。

しかし、多くの重要な交渉の特徴は、慎重に交渉を避けている側とそうでない側とに分かれていることに気づくでしょう。北朝鮮は、長年、核兵器プログラムに関する交渉をうまく避けています。同時に、その脅威は増しています。投票予測でリードしているアメリカ大統領候補は、対立候補者が討論会の回数を増やしたいと言う要望を受け入れようとしない。一般的には、現状に満足している場合、回避は素晴らしい戦略になる。しかし、問題を審議するアプローチとして最適ではないです。

次に、最もありがちな反応として、向かい側にいる人に「私の椅子の後ろに走ってきてください。500ドルあげますから」と提案するという選択肢がある。これは、妥協的な解決策をとる「妥協型」だ。互いに利益を分け合うと同意している。妥協はシンプルで、公平で、友好的に素早く交渉を解決する。しかし、本当に、目前の問題を解決する最善の戦略なのだろうか？　互いに賞金を公平に分けることに了承しても、どちらが走って、どちらが座っているのか？　この問題を考えている数秒間に、他の人達はテーブルの周りを走っているだろう。どちらが走るかと言う疑問に妥協的な解決策はない。単純に妥協したところで問題解決にはならない。つまり、追加の戦略がここで必要になってくる。

3つ目の選択肢として「順応型」の反応がある。あなたは、即座に走り出して、相手の椅子の後ろに立つのだ。相手が公平に賞金を分けると承知していれば、賞金に関しては交渉上、互いが納得していると言える。しかし、相手が賞金を分けるとは限らない。１００％「順応型」の性質の人は、何とも怪しい提案を聞くや否や相手の椅子の後ろに立つだろう。しかし、これも問題である。幸運にも相手が「順応型」の性質なので１０００ドルを手にできたが、走った人は何ももらえない。何も交渉することなく相手は賞金を公平に分けると信じなくてはいけない。このテーブルの周りに座っているのは見ず知らず人達だということを忘れてはいないだろうか。

第４の戦略は「競争型」だ。賞金１０００ドル全てを手に入れて、どのようにそれを分けるのか決める権利があると考えるタイプである。半分半分に分けると最初に言って、後で、その約束を守らないかもしれない。裁判所のようなシステムを用いて、誰が何を言ったか争うわけではない。最悪のケースとして、足が折れているとウソをついて相手を走らせようとするかもしれない。「競争型」の性質は、これら2つの例のように倫理的に疑わしいものばかりか？　いや、違う。後ほど、「競争型」の性質がモラル的にも倫理的にも問題ないことを説明する。しかし、ここでの問題は、倫理的で、競争的な戦略のように構築されていない。また、「順応型」の戦略と同じく、この戦略を実践するには時間がかかり過ぎる。

最後に、最も想像力豊かな戦略を紹介しよう。椅子から立ち上がり、向かいの人に対して「あなたは私の方に、私はあなたの方に走りましょう！　2人共１０００ドルもらえますよ！」と叫ぶのである。二人してすばやく行動に移し、1位と2位を独占できれば、この選択は大正解だ。

こういう反応をする人は、「問題解決型」、または「共同型」である。

このタイプは、他の人と同じ条件を与えられても1000ドルをいかに分けるか」ということに縛られて悩むのではなく、「それぞれが1000ドルを得る道はどれか」を見抜く力を持っている。

「問題解決型」のアプローチは、実行するのが一番難しい。これを実行できる人は、問題に関心があることを率直に吐露して問題の本質を探り、さまざまな選択肢を検討し、最もエレガントな解決法を見出そうとする。そして、交渉相手と公平に利益を分けることを、念頭に置いたうえで問題を解決する。この手法は、国際舞台で活躍する外交官企業の合併や買収といった複雑な内容の交渉をする場合に特に有効だ。

また、家族間の交渉ごとのように「勝者」、「敗者」といったはっきりとした結果を避けるべき時にも有効だ。しかし、共同的型の戦略には、当事者間の不信、欲、個性、文化の相違、創造性の欠如といった多くの問題が立ち塞がる。

5つの戦略中で、あなたは、いくつイメージできただろうか？ そして、これら5つのタイトルのうち、どれがあなたには一番しっくりくるだろうか。

ネゴシエーターとして、5つの戦略についての知識を使って、あなたの個人の性質とスタイルを徹底調査できる。

付録Aには、ウォートン・エグゼクティブ・ネゴシエーション・ワークショップで採用されている自己判断テストを載せた。テスト結果から、各自の交渉スタイルを見極めることができる。約5分間のテストなので、ここで、付録Aの交渉スタイルアセスメントを受けてみよう。その結果をもとに、再び、第1章に戻って、この続きを読み進んでください。各スタイルの詳細と、各スタイルがどのように関係しているのかより理解したい場合は、付録Aに戻って、読み続けてください。

あなたの交渉スタイルとは、あなたの傾向や性質によって引き起こされる行動です。幼年期、家族、早期の職業体験、指導者、倫理的な仕組みや信念など、さまざまな要素があなたの性質や傾向に関係している。また、あなたの傾向や性質は、交渉の知識とスキルを身に付け自信を持つと変わるでしょう。

しかし、私は、誰もが特定の性格個性を持っているため、基本的な交渉スタイルやタイプを変えることは困難だと信じている。例えば、私自身、非常に個人間の対立や争いを避ける優しい両親によって育てられた。それは、両親の間だけではなく、三人の子供達（二人の姉妹と私）の間の争いを避ける家庭環境だった。私の両親は、二人共交渉スタイルアセスメントの結果、非常に回避性が強く表れていた。このスタイルが、私に少なからず影響を与えている。これまでの経験とプロフェッショナルとしての交渉知識から対立や争いに向き合えるが、それでも、本能的に、自動的に他人との対立を避けようとする。私の外交的な特性は、あくまで交渉の席上での私の個性にすぎない。異なる状況では、別の特性を表面化する。しかし、それは本質的ではなく、あくまで、表向きの性質である。

各スタイル、もしくは、スタイルの組合せは、それと共に一組の関連する才能を発揮する。競争性の強い性質の人は、与えられたどの状況においても、どのように権利が得られるか、誰よりも素早く見極める。彼らは、より激しく争っているような状況で利益を勝ち取ることに満足して、そのような価値を感じない相手とは違う。このようなタイプは、他よりも競争的なアプローチを使えるかどうか判断できる。

非常に順応性が高い性質の人は、チームプレイヤーとして才能が長けて、利益が相反している時でも相手を助けようとする。誰もが利益に目が向いている時でも、彼らは、交渉より人間関係に重きを置く。

妥協性の高い性質の人は、自動的にシンプルで、公平なやり方か、もしくは、相違点や問題点を区分けして速やかに解決する。

最後に、共同性が高い性質の人は、より多くの質問を相手に投げかけて、いろいろな角度から議論を展開する。そのため、交渉はより複雑化してしまい、簡単な協議をのぞむ相手を翻弄する。

交渉スタイルアセスメントは、自分のスタイルを知るうえでよいスタートであるが、ネゴシエーターとして自分を知る1つのデータでしかない。本書の中で多くの交渉スタイルを読んで理解して、実際にそれらを経験すると、どれが楽しくて、どのスタイルがストレスを感じるのかわかるだろう。経験から多くを学んでいこう。冒頭に挙げたデンマークの言い伝えにもあるように、「パンを焼くには自分の持っている小麦粉を使うしかない」のである。

協力志向か、競争志向か

ここまで説明してきた5つの違い以外に、もっと根本的なスタイルの相違点がある。「協力志向」か「競争志向」か、ということだ。どんな交渉スタイルも、本質を突き詰めていくと、この2つのどちらかに分かれることが、多くの研究からわかっている。どちらも、状況によって有利な場合もあれば不利に働くこともある。それぞれどこに気をつければいいかは「おわりに」で具体的にアドバイスしているので、参考にしてほしい。

交渉に臨む人間の基本スタンスとしては、「協力志向」と「競争志向」のどちらが強いのか……。この問題に研究者は注目してきた。

テレビや映画に登場する「ネゴシエーター」には、テーブルを叩いたり脅しをかけたり、強気で押しまくるタイプが多い。視聴者の興味を引くためだから致し方ないとはいえ、それはビジネス社会での現実の交渉の様子を、正確に反映したものではない。交渉のプロは、あんなやり方はしないものだ。

現実のビジネス交渉の場において、人間がとる行動を明らかにした2つの研究がある。

1つはアメリカの弁護士を対象としたもので、もう1つはイギリスの労使交渉の担当者を対象としたものだ。

アメリカの2つの大都市で、仕事をする弁護士を調査したジェラルド・R・ウィリアムズの研究によると、調査対象者の約65％が、常に「協力志向」で交渉することがわかった。一方、完全に「競争志向」だったのはわずか24％だった（残りの11％は、「協力志向」と「競争志向」という分類の仕方を拒否した）。また、ほぼ半数が、同僚から「できるネゴシエーター」だと評価されていた。「できる」グループだけで見ると75％以上が「協力志向」で、「競争志向」はたった12％という興味深い結果が出ている。

少なくともアメリカのこのサンプルで見る限り、プロのネゴシエーターのスタイルとしては「競争志向」よりも「協力志向」の方が一般的だといえる。そのうえ、協力志向で交渉する方が「できる」という評価も受けやすいようだ（少なくとも同僚からはそうだ）。

もう1つの研究は、イギリスのニール・ラッカムとジョン・カーライルが、9年をかけて実施したものである。２人は、さまざまな会社で労使交渉に携わる労使双方の担当者49人について、実際の交渉の場における言動を調査した。その結果については「ポイント５」で触れるが、ここでは調査対象者の交渉スタイルについて言及しておきたい。49人中、特に優秀な人たちのほとんどが、明らかに「協力志向」で交渉を進めていたのである。

ラッカムとカーライルは、労使交渉の場での「イリテーター」の使われ方を検証している。イリテーターとは、自分の利益になることばかりしゃべったり、相手にいわれのない侮辱を投げつけたり、相手の提案を直接攻撃するような手法を指す。「競争志向」で交渉を進める場合に使われる典型的なテクニックだ。交渉時、平均的なネゴシエーターは、イリテーターを１時間に10・８回使っていたが、優秀なネゴシエーターは、１時間に２～３回しか使っていなかった。

そのうえ優秀なネゴシエーターは、相手の過失を責めたり、それに反論したりするという感情的なやり取り（ラッカムとカーライルはこれを「防御／攻撃スパイラル」と呼んでいる）を避けていた。優秀なネゴシエーターの発言に登場した「防御／攻撃スパイラル」は、全体のわずか19％だったが、平均的なネゴシエーターでは「防御／攻撃スパイラル」やそれを激化させる内容の発言が、全体の６・３％を占めていた。この研究から、「できるネゴシエーター」とは攻撃的なタイプではなく、明らかに「協力志向」タイプであることが浮かんでくる。

これら２つの研究結果を見ると、きっちりと道理をわきまえた「協力志向」タイプの方が非常に優秀なネゴシエーターになる可能性を強く秘めていると考えることができる。

性別と文化

各自の交渉スタイルは、キャリアをスタートさせた時の教訓、幼年期に兄弟や友達と遊んだ経験、そして、両親とのわだかまりなど、心理的に奥深い部分から形成されている。幼年期の経験などが社会的アイデンティティーの基本的な面を二分させる——性別と文化。知的な議論は破壊的な（そして、まぎらわしい）固定観念へとつなげてしまうため、この2つのトピックは物議を醸している。しかし、研究者達が、これらの変化要素の真実を定義化しているので、いくつかの真実をここに掲載する。

交渉における性別の違い

特に、仕事場では、男性と女性ではコミュニケーションのスタイルが異なるというリサーチ結果が発表されている。ジョージタウン大学の言語学のデボラ・タネン教授は、著書、「You Just Don't Understand: Men and Women in

Ｃｏｎｖｅｒｓａｔｉｏｎ ａｎｄ Ｔａｌｋｉｎｇ ｆｒｏｍ ９ ｔｏ ５：Ｗｏｍｅｎ ａｎｄ Ｍｅｎ ａｔ Ｗｏｒｋ」の中で以下のように説明している。男性は、より断定的で、話の腰を折り、物事を肯定的に捉える傾向が強い。一方、女性は、男性より相手の話に耳を傾け、人間関係に感情的で、話す順番を待つ傾向がある。

たぶん、たくさんの感情的な男性や肯定的な女性を知っているだろうが、タネン教授のリサーチは統計的に立証されている。では、いかにこれらの行動傾向を専門的な分野でも長所として利用できるのかと言う疑問が自然と浮かぶ。

アメリカ女性を対象にしたリサーチでは、交渉に際して２つの違いが性別によって起きていると発表している。第一に、重要なポストの女性を含むアメリカの女性は、男性と比較して、昇進や給与に関する交渉をしていない。交渉術の用語では、平均的に女性は男性よりもより共同的に行動する。カーネギーメロン大学のビジネススクールのリンダ・バブコック教授のリサーチによると、ＭＢＡプログラム卒業の女性と男性の給与の差は、ある行動傾向（男性は４０００ドル多くもらっている）によって生じていると発表している。57％の男性は、提示されたオファーに対してカウンターの交渉している。しかし、たった７％の女性しか交渉していない。リサーチ結果では、交渉した場合、男女共に平均４０５３ドル、当初の提示額よりも多く給与をもらっている。バブコック教授の著書、「Ｗｏｍｅｎ Ｄｏｎ’ｔ Ａｓｋ」の中で数多くの調査と事情から性別による交渉の違いと結論づけている。私の交渉術コースを受講する生徒達からもう一つ追加できる行動傾向がある――女性は男性よりも従う傾向がある。女性は公平な議論を好み、相手も同じように公平な態度と姿勢であると決めつけ、友好な関係を望んでいる。もちろん、交渉相手が同じような共同性のスタイルであれば話し合いは上手くいく。

受講生の一人、マーシーの経験は、性別の違いがどのように交渉プロセスを困難に進むことになるか鮮やかに、そして、正確に説明している。マーシーは、MBAプログラムの受講をする前、中堅のコンピューターサービス会社に勤務していた。チームの中では、彼女が唯一の女性スタッフだった。バブコック教授のリサーチ結果通りで、彼女は、提示されたオファーをそのまま受け入れて、一切交渉をしていなかった。それどころか、彼女は就職できたことを喜んでいた。数年後、彼女は会社の全収益の30％を占めるほどの功績を挙げた。彼女より給与の高い男性社員２人は、それぞれ収益の１％の功績しか挙げていなかった。そこで、マーシーは、彼女の給与が上がるのは当然だと思った。

昇給を望むマーシーがとった行動は、いかにも彼女らしい方法だった。彼女は、上司にパフォーマンスの見直しを申し出た。彼女は、私のクラスで、〝レビューが上司にとって私の功績を知る最善の方法だと思った〟と語った。

〝強引だと思われたくなった。〟彼女の戦術は上手くいかなかった。彼女の上司は、レビューする時間を設けなかった。

多くの女性は、この時点で交渉をあきらめてしまうが、マーシーは粘り強かった。今度は、会社の社長に堂々と20％の賃上げを要求した。マーシーは、男性社員は彼女より20％多く給与をもらっていたが、担当していたプロジェクトもスタッフ数も彼女より少ないと主張したのだ。彼女は、20％の賃上げは〝公平〟だと言ったが、この申し出も受け入れられなかった。マーシーいわく、〝これは公平ではない〟とずっと言い続けていた。〝振り返ってみると、私の功績からして、20％の賃上げは低くフェアとは言えなかったが、自信を持ってそれを主張できなかった。〟もちろん、不満は溜まっていった。〝長時間労働に忠実な任務の遂行、そして、転職活動をする素振りを見せていなかったため、誰も私の話に耳を傾けなかった。〟

ついに、昇給を手にする機会がマーシーに巡ってきた。しかし、その提示を断った。彼女が、ウォートンMBAプログラムの入学が決まったと知った会社は、慌てて彼女に35％の賃上げを提示した。その時点で、彼女の気持ちはその会社にはなかった。彼女はクラスメイトに次のように話した。〝女性にとって、遠慮して交渉しないことは自分を不利に追い込む。強引だと見られることを恐れるな。〟

第2の性別による調査結果は、固定観念に深く関わっている。一般的に言って、男性に比べて女性はより協力的だが、男女共に、性別の違いによる固定観念を交渉の席上に持ち込む。自己暗示にかけ、交渉テーブルの席上で何が起きているのか無視するようになる。この傾向は、ネゴシエーターの経験則によるが、これは女性にとって不利にも有利にもなる。

例えば、取引に関して弱気な性格のため、女性は否定的になってしまい効率よく交渉できないと言うリサーチ結果がある。交渉スタイルの性質にかかわらず、女性は受け身だという固定観念が自信を奪い、交渉能力を十分に発揮できないようだ。固定観念を否定しようと極端に強引な態度をとってしまい、かえって逆効果となり、想定よりも悪い結果を生むことがある。しかし、交渉に関して、非常に協力的な性質の女性でポジティブであれば、全く逆の結果になる。ここでは明るい良い結果をイメージして自己暗示にかける。しかし、実際は、ネガティブよりポジティブの方が多く、女性は〝固定観念恐怖症〟と陥ってしまっている。

しかし、一方で、相手のステレオタイプをうまく利用することで、女性が交渉を運びやすくなることも可能である。しかし、経験則が物言う。トップクラスの女性ネゴシエーターをクラスに迎えて、財務危機の会社側の交渉人として、債務協議にチャレンジした経験について講演してもらった。債権者と債務者が向き合うとかなり厳しい交渉になる。破綻の可能性が話を交渉へと導いていく。ほとんどの女性は、このような交渉を専門にしていない。講演者いわく、このような状況では女性らしさが武器になる。〝例えば、交渉相手が個人的に私を攻めてきた場合、自己を防衛するような発言は一切しない。必ず1人は私の味方になる男性が相手チームにいる。彼の登場を持って、味方を増やして相手チームを分裂させる。女性らしさがアドバンテージになっている。〟と彼女は言った。

また、大手製薬会社のM＆A部の代表で小柄な女性を講演者として招いたことがある。彼女はいろいろな思い込みや固定観念を利用すると言った。彼女はポーランドで生まれ、子供の頃、イスラエルに移住した。〝交渉前、私がイスラエル軍に属していたことを相手側に知らせるようにしている。元軍人というタフなイメージを相手に植えつけるが、交渉の場では相手のハートを和らげる。相手はホッとして、交渉が上手く進む。もちろん、必要であれば第一印象に戻って交渉する。〟

性別の違いが、交渉上の問題にはならない。しかし、より賢いネゴシエーターは周到に準備するうえで、交渉相手の行動と自己性質などを把握するように努める。相手がどのようにこちらを認識するのか想定するべきだ。性別の違いは、交渉スタイルを分析するうえで重要である。

文化の違う世界

性別が交渉プロセスを困難にしているが、異文化の問題はよりハードルが高い。ウォートンスクールでは、前から〝国際ビジネス〟に特化したプログラムを提供していた。今では、全ての

ＭＢＡプログラムは、グローバルビジネスの問題に着目している。国際商取引の交渉に際して、言語、習慣、社会的な期待、宗教などのセンシティブな問題が、長期的な友好な関係を築くか、それとも、短期的な不利益な付き合いで終わるのか決める。

次の例を考えてみよう。

イギリスの会社代表が、レバノンで経験した話を聞くことができた。彼いわく、交渉はスムーズに始まったが、譲歩するたびに、交渉相手は要求を下げるどころか、より要求を上げてきた。数ヶ月の交渉を重ねた結果、彼は交渉を打ち切ることを決めた。相手の戦術に嫌気がさして、これまでの関係も一切、断ち切ろうと決めた。その数日後、相手は〝重要な〝提案があると話を持ちかけてきた。彼はその提案を拒否した。1週間後、相手はこれまで譲歩不可能と言っていた内容まで彼の要求に合わせる提案をしてきた。ここまで話していた彼は悲しそうにじっと私を見て、〝全ては私のミスだった。〟と言った。〝後に知ったことだが、交渉の席上から離れると言うことは、あの国では、交渉に前向きという意味。もし、2ヶ月前に席を外していれば、相手はより友好的になり、交渉を成立させることができた。〟

文化は、誰が交渉の席上に座るべきか決める重要な意味をなしている。例えば、文化の違いによって、交渉テーブルにどのクラスの責任者が座るのかなど大きな違いがある。とてもフォーマルな文化を有している国では、等しいランクの人々が交渉に参加する必要がある。しかし、よりフランクな文化圏では、協議内容に関する知識を持った交渉決定権を有している人物をネゴシエーターとして選択する。この違いを理解していないと、重大な障害と誤解を生む。

ニューヨークにオフィスを設ける有名な法律事務所の女性弁護士が、とある男性会社代表者と南米に複雑な取引の交渉に出かけた。２人が到着するなり、南米側の交渉相手は、男性の代表者と直に交渉することを提案した。そして、女性弁護士と交渉相手の奥様が、一緒に買い物へ出かけるように提案してきた。女性弁護士は、これが南米特有の性別の偏見だと激怒した。女性弁護士はその提案を拒否する前に、念のため、ニューヨークの事務所に電話した。電話にでた男性弁護士は、以前、この交渉のため、南米を訪れていたが、やはり、交渉から離席するように言われていた。南米の交渉相手は女性だからではなく、弁護士を交渉の席上から外して、直接交渉をしたいと望んでいたわけだ。現地の習慣では、弁護士は相手の弁護士とのみ交渉をする、習わしになっていて、ビジネスの交渉には関わらない。もし、この女性弁護士が提案を拒否していたら、取引の不成立だけではなく、彼女は信用も失うところだった

ここで紹介した例だけではなく無数の事例から、文化の違いが交渉を茨の道へ導いてしまう。タンザニアのアルーシャ人が、アメリカの強い日差しを避けるために木陰に集まって交渉するのは、ニューヨークで大物ビジネスマンが交渉するのと同じだが、話のトーン、ペース、シグナルやヒントなどは大きく違うだろう。グローバル経済では、文化の相違や溝を埋めるために、本書

（参考文献をいくつかリストアップした）は、世界のあらゆる商業的に重要な地域で交渉するうえで知っておくべき落し穴、チャンスや習慣の特徴を詳述した。

特に、関係、情報交換、交渉に関する章では、文化の違いをふまえた交渉について記述した。ここでは、2つの重要なポイントをリストする。

第一に、文化的な問題は、通常、実質よりもより形式的なことが多い。そのため、物事をより複雑にして、コミュニケーション上の誤解を生むことがある。しかし、どの国で交渉していても、カネ、支配、リスクが重要な問題である。ミス・コミュニケーションを避ける適切な方法は、相手の文化を事前に調べること。熟練の通訳者、そして、異文化のメルトダウンを避けるために調整役を使うべきだ。

第二に、言語と文化、習慣と言った明確な違いのほかに、外国における交渉の相違点は、人間関係の構築の捉え方である。情報交換の章で詳細を説明するが、北米や北欧人は取引の内容により集中して交渉するが、アジア、インド、中東、アフリカ、南米では、社会的な人間関係により重要視している。日本人のMBA生徒は、「日本人は交渉を〝お見合い〟のように取り仕切る。カップルを誕生させようと行動する」と言っていた。日本でのビジネスや関係を重視する国で交渉する西洋人は、彼等の精神を理解して、社交行事に参加するべきだ。婚前儀式の礼儀の度合いは文化によって違う。しかし、どの文化でも、新しい家族の誕生を祝福、歓迎する。もし、人間関係を重視する国で交渉の成立を願うのであれば、辛抱強く、契約する機会を窺う。これも交渉プロセスの一部だと理解するべきだ。

他人はあくまで他人

人間には、他人も自分と同じように行動すると考える傾向があることが、研究からわかっている。「泥棒は人を見れば泥棒だと思う」ということわざもある。「協力志向」の人は、人間というものは心の底では協力的で親切な人がほとんどだと考えがちだ。こうした先入観が、交渉にどのような影響をおよぼすかを考えてみたい。

「協力志向」の人同士が、交渉をする場合は、互いに力を合わせて理想的な解決に持ち込むことができる。相手も「協力志向」の考えを持っているはずだと信じ、それが当たっているからだ。「競争志向」の人同士が、交渉する場合は、ぶつかり合い、主張が対立し、危ない橋も渡ることになる。だが、やはり似たもの同士で相手を理解できるため、予想に反して交渉は成功することが多い。

難しいのは、「協力志向」の人が、「競争志向」の人と交渉する場合だ。「協力志向」の人は、相手も協力的なはずだと考えるから、自分の持っている情報を提供したり、最初から常識的な提案をしたりして、より良い解決に向かって力を合わせていこうとする。ところが、「競争志向」の人は、そういう態度を見ると相手が本心を見せていないと思ってしまう。相手の協力的な態度は、こちらの情報を引き出したり、切り札を暴露させたりするテクニックだと考えるからである。

したがって、「競争志向」の人もとりあえずは協力するかもしれないが、それは協力することが自分の利益になる間だけだ。自分が手の内を明かさなくてはならない段になると、それまでの態度を一変させて「競争志向」に戻ってしまう。力を合わせるふりをして、利益をさらおうとするのだ。

この段階になると、「協力志向」の人もさすがに相手は自分とは違う人種らしいということに気づく。すると当然、相手に対する態度が硬化し、守りに入る。それを見た「競争志向」の人は「化けの皮がはがれたな。やっぱり本心は違ったんだ」と思う。こうなると交渉は決裂へ進むしかない。

そこで交渉を始める際には、相手がどんな人物なのかをじっくり見極め、どんな態度で交渉に臨むタイプかを判断しよう。そのうえで、自分の目標達成のためにできるだけのことをすればいい。相手を自分の交渉スタイルに合わせようとしても、時間の無駄になるだけだ。

交渉で成果を挙げるための４つの「姿勢」

　自分の交渉スタイルが見えてきたところで、今度は、交渉で成果を挙げるためのポイントについて考えてみよう。記憶力が良いこと、当意即妙の受け答えができること、ストレスにうまく対処できることなど、優れたネゴシエーターになるために必要な能力は多い。しかし、良い成果を挙げるためには交渉に臨む姿勢も能力と同じくらい重要である。

　優れたネゴシエーターには、次に挙げるような４つの共通する姿勢がある。これらは、交渉のスタイルや能力に関わりなく誰もが取り入れることができ、交渉の成果も確実に得られるものだ。

①積極的に準備をする
②目標を高く設定する
③相手の話に耳を傾ける
④誠実である

　この４つについては本書を通じて語っていくことになるが、ここでそれぞれについて簡単に見ておきたい。

①積極的に準備をする

交渉についての研究のほとんどすべてが、事前準備が重要だと指摘している。準備がいかに大切かを示す例を1つ紹介しよう。

数年前、私と同僚は交渉の手段としてのコンピュータ・ネットワークについて研究していた。私達は、交渉をうまく進めるための介助ネットワークシステムを開発し、テストに乗り出した。テストでは、学生数百人を買い手と売り手に分けて2人ずつのペアを組ませ、全員に同じ内容の売買の課題を与えた。

ペアの半分には、課題を読んだら好きな時に交渉を始めるように指導し、それぞれが対面で、またはEメールなどネットワークシステムを使って交渉に入った。彼らが事前準備に費やした時間は、平均して10分から15分だった。

残り半分のペアには、所用時間が平均30分から40分というコンピュータ上での正式な準備プログラムを必ず受けさせ、その後に実際の交渉に入らせた。ネットワークシステムを使って交渉した学生もいれば、対面で交渉した学生もいた。

結果は、驚くべきものだった。せっかく作ったコンピュータシステムは、交渉の成否にあまり関係がなかった。むしろ、準備をきちんとしたかどうかが大きく影響したのだ。対面で交渉しようがコンピュータを使おうが、正式な準備プログラムを学んだ学生は、より良い成果を挙げた。それも片方だけに利益があったのではなく、双方が満足する結果を得ていたのである。

②目標を高く設定する

交渉に関する研究から、驚くべき事実がわかっている。一般に、高い目標を掲げている人ほど大きな成果を挙げるということだ。

交渉でより良い結果を出すには、与えられた問題に対して「公正で理にかなった」答えの範囲を慎重に考える習慣をつけ、その範囲内で一番高い目標を設定することが必要となる。達成するためには、苦労して難題をクリアしていく必要がある。そうすることで交渉相手との間に、問題解決に向けて建設的な協力関係が生まれ、現実性のある目標を設けることができる。それが理想だ。

③相手の話に耳を傾ける

交渉において「聞く」スキルは非常に大きな意味をもつ。情報は力だ。聞くことは、情報を得るための重要な手段である。

「協力志向」の人にとって難しいのが、目標を高くもつことだとすれば、「競争志向」の人にとっては「聞く」ことが難題だといえよう。強気一辺倒の人達は、交渉のテーブルについている間中、自分の要求をしゃべっているか、相手を受け身に回らせるために次はどんなことをしゃべろうかと考えているものだ。しかし、「できるネゴシエーター」ならそんな行動はとらない。しゃべるのは、相手に質問を投げかける時、相手が理解しているか確かめる時、議論の流れを確認する時がほとんどであり、あとはひたすら相手の言うことに耳を傾けている。

④誠実である

「できるネゴシエーター」は信頼できる。約束を守り、嘘をつかず、実行するつもりのないことに期待を抱かせたりしない。ごまかしをしないという評判を非常に大事にする。もっともな話だ。信頼できる人とだますかもしれない人のどちらと交渉をしたいかと考えてみれば、答えは明らかである。

理論としてはわかるが、誠実に行動して本当に大丈夫なのかという疑問もあるだろう。実際、交渉の現場で、自分の手の内を全部さらけ出すという人はほとんどいない。相手が重要なポイントを尋ね忘れたらどうするのか。こちらからわざわざ教える必要があるのだろうか。自分の本心がどうだろうが、こちらのことは誇張して良く見せ、相手の主張を叩きまくることが必要なのだろうか。この点については「交渉における倫理」の項で詳しく述べるので、ここでは「時と場合による」とだけ言っておこう。

交渉において「誠実であること」は、どんな場合にも機械的に適用すべき「ルール」ではない。それはとるべき「姿勢」であり、そこには人間関係、社会規範、マナーなどが関わってくる。したがって、「誠実であれ」というのは、必要ならば恥じることなく他人に説明できるような倫理を心に秘め、粘り強く交渉にあたれということだ。

もちろん、倫理的にどこまでが正しくてどこからが間違いかという解釈は、人によって違ってくるだろう。交渉が、人間同士のコミュニケーションである以上、それは避けられない。重要なのは、自分の名誉と誇りを大切にすることだ。信頼されるネゴシエーターになろう。

そして交渉は成功した（マンハッタンからメルー山へ）

「ポイント１」を終える前に、冒頭で紹介した２つの交渉の「その後」を見てみよう。マンハッタンとメルー山での話し合いは、いかにして成功裡のうちに終わったのだろうか。

ニューヨークでは、ジョバノビッチが、大きな意味をもった贈り物をし、相手を歓迎する発言をしたことで「ＨＢＪには買収成立に向けて前向きに取り組む姿勢がある」というメッセージが、ジェネラル・シネマのスミスにはっきりと伝わった。時計を受け取ったスミスも、自分の優位を相手が認めたという事実を誠実に受け止め、協力する姿勢を見せた。

交渉開始時に、友好的態度が確認できたことに加え、双方が相手の言い分をじっくり聞く姿勢を示したことで、交渉は急速に進展した。ジョバノビッチとスミスは、双方とも「問題解決型」

のタイプだったので、話がよくかみ合った。数日後には、両社が合併して新会社「ハーコート・ジェネラル」を創設するというアウトラインができたほどだった。

一方、メルー山のふもとでは、当事者である2人の農民が交渉を繰り返していた。実質的な交渉は、問題の土地をどう分割すればいいかという提案を双方が出し合うことから始まったが、どちらも土地はそっくり自分の所有になるべきだと主張するだけだった。そこで、土地の中に走っている道が自然に境界線の役割を果たしているから、それに沿って分けるのはどうかと、長老の1人が提案をした。こうして徐々に、契約のアウトラインが見えてきた。だが、2人の農民は、最終的な合意にこぎ着けるために必要な譲歩を頑固に拒んでいた。どちらも妥協を嫌がっていた。

初めにこの集会の開催を要求した農民（息子を殴られた男）が、ついに男達の円の真ん中に進み出た。そして、「友情の証しに」小さなヤギを隣人に贈ると申し出た。また、隣人の壊れた用水路の門について賠償をし、新しい境界線を守ることも付け加えた。

用水路の門を壊された農民は、お返しに「酒を少し」贈ることにすると答え、やはり新しい境界線を守ることを誓った。ここに契約が成立した。

みんなが帰り支度をするなか、双方の長老は、数日後に再び会う時間を定め、その際に2人が申し出たヤギと酒を交換することにし、新しい境界線と今日の取り決めの内容を公に宣言した。この宣言に続いて行なわれた儀礼的な宴会が、双方に契約の成立を確認させる役割を果たした。

交渉から宴会に至る一連のセレモニーは、コミュニティの全員に合意を知らしめ、合意を遵守させるためのものだった。

ポイント1　これで王手！

交渉の主人公はあなただ。

だから、交渉をうまく進めるために、あなたの交渉スタイル、つまり他人との軋轢に直面した時に、どのようにコミュニケーションをとるかを決めることが大切なのである。「できるネゴシエーター」になれるかどうかは、自分のコミュニケーション能力の長所と短所を素直に見つめられるかにかかっている。

交渉スタイルの間口が広ければ、さまざまな状況や相手に柔軟に対応できる。反対に、交渉スタイルの幅が、限られている人もいる。競い合いの状況ではとても強いのに、人間関係が大事という状況では弱くなる人もいる。または、協力的に話を進めるのはうまいのに、強気で攻めるのは苦手という人もいる。

交渉の専門家の中には、誰にでも同じ交渉方法を説く人がいるが、それでは役に立たないし実践的でもない。大事なのは、自分がどんなタイプのネゴシエーターなのかを正確に見極め、持っている能力をより効率的に生かすよう努力することだ。自分にはない性格を無理に演じても、何の得にもならない。

あなたは、交渉にどんな態度で臨むタイプなのだろうか。それぞれの目標に沿うようにとがんばる「協力志向」で、おかげでみんなが気持ちよく交渉のテーブルをあとにできるような人だろうか。それとも「競争志向」で、相手がどう感じるかよりも自分がどれだけうまくやるかに関心があるタイプだろうか。

どちらにせよ、まずは自分の交渉スタイルを自覚し、個々の状況に自分のスタイルをどう適応させていくかを考えることから始めよう。

交渉プロセスがたどる4つのステップ順に戦略を立て、「積極的に準備をする」、「目標を高く設定する」、「相手の話に耳を傾ける」、「誠実である」という4つの基本的な姿勢を身に付けることを学ぼう。

「できるネゴシエーター」になるためのヒント

●家族、性別、文化の影響を受けた自分の交渉スタイルを理解しよう
●積極的に準備をしよう
●目標は高く設定しよう

●相手の話に耳を傾けよう
●誠実であろう

ポイント2　目標と期待感。狙うゴールをはっきりさせよう

常に目標を持つこと、その目標が常に高いことが大切だ。
サム・ウォルトン（ウォルマート創業者）

1955年、まだ無名の小さなメーカーだったソニーは、新製品のトランジスタラジオを完成させた。当時取締役だった盛田昭夫は、このラジオを世界最大のマーケットであるアメリカ市場で売り出すという野望に燃えた。価格も29ドル95セントに決まり、盛田はニューヨークへと乗り込んだ。

ところが、すぐに問題にぶつかった。「見たこともないほど小さなラジオ」の良さを理解してもらえないのだ。「どうしてそんなに小さなラジオを作っているんだ？　アメリカでは、誰だって大きなラジオを欲しがっているのに」というのが、多くの企業の反応だった。

それでも粘り強く売り込みを続けていた時、当時のエレクトロニクス業界の名門だったブローバという会社が関心を示してきた。ソニーのラジオを10万台購入し、ブローバの強力な販売ネットワークを通じて全米で売りたいと言ってきたのだ。盛田は注文量の多さに度肝を抜かれた。ソニーの生産能力の数倍にのぼる量だ。一世一代の大取引だった。

ところが、ブローバはたった1つだけ条件を付けてきた。トランジスタラジオに「ブローバ」の商標を付けてほしいというのだ。この申し出は、盛田が、ソニーの長期的目標として重視してきた点と全く正反対のものだった。革新的で質のいい製品を製造することによって、「ソニー」を世界的ブランドとして確立していく――。それが、盛田の考える目標だった。

盛田は、東京の本社と相談した。すると、10万台という注文に気を良くした本社からは「商標の件はどうでもいい。発注を受けよ」という答えが返ってきた。盛田は、1週間以上慎重に悩んだ末にブローバを訪れ、契約は結びたいが、条件を受け入れられないと告げた。

今度は、ブローバの担当者が、目を丸くして驚かされる番だった。ブローバの出した条件は、こうした取引ではごく普通のものだったからだ。「わが社は50年以上もかけて知名度を確立してきた有名なブランドですよ」と担当者は迫った。「おたくの社名は誰も聞いたことがない。わが社の商標を使った方が得なのは、わかりきっているじゃないですか」

「50年前には」と、盛田は穏やかに答えた。「御社の名前も、ちょうど今のわが社のように知られていなかったはずです。今、私は、新しい製品と共にここにおります。わが社は、50年の第一歩を今から踏み出そうとしているのです。50年後には、わが社の名前を、現在の御社の名前と同じくらい有名にしてみせます」

こうして盛田は、それまでのソニーの歴史上、最も大きな取引から降りた。報告を受けた本社は衝撃を受け、愚かなことをしたと盛田を責める人もいた。

まもなくして、他のアメリカ企業から盛田のもとに、ブローバよりずっと安値での取引の申し入れがあった。ただし、今回はソニーの名前を表に出してよいという条件だった。盛田はすぐに合意し、「ソニー」という商標をつけたトランジスタラジオがアメリカ市場に出回ることになった。

ブローバとの交渉について、盛田は次のように書き残している。「当時もそう言ったし、その後も公言してきたが、あれは私が下してきた数々の決断の中でも最高のものだった」

ブローバとの大きな商談を断るという大胆な決断に踏み切ることができたのは、盛田が、ソニーの将来についての確固たるビジョンを持っていたからだった。盛田には、50年でソニーの社名を、質のいい電化製品の代名詞として世界中に広めるという目標があった。結局、盛田は50年もかけずに目標を楽々とクリアし、その過程で自身もビジネス界の伝説的存在となった。

盛田のような「できるネゴシエーター」になるための第2のポイントとして、ここでは目標設定の大切さに目を向けることにしたい。自分の目指すものがはっきりわかっていなければ、交渉において何を受け入れ何を却下すべきなのか、判断のしようがない。自分が何を手に入れたいのか具体的に理解していて、そのビジョンに到達することを目指して情熱を傾けている人ほど、目標を達成できる可能性が高いものだ。

盛田のエピソードからもわかるとおり、目標はしばしば、交渉で取るべき道筋を示してくれる。

あの日ニューヨークで、プローバの担当者が交渉をした相手は、壮大な目標への思い入れが人一倍強く、平均的なビジネスマンより野心的な目標をしっかり持った、希有なビジネスマンだったのである。

何を目指すかで何が得られるかが決まる

ルイス・キャロルの『不思議の国のアリス』で、アリスが道の分かれ目にさしかかり、チェシャ猫に道を尋ねる場面がある。

「すみません、ここからどの道を行けばいいか、教えていただきたいんですけど」

「そりゃ、君がどこへ行きたいかによるな」とチェシャ猫は答える。

「私は、別にどこへでも……」

「それなら、どの道へ行こうが大きな差はないな」

チェシャ猫の言うように、「できるネゴシエーター」になるには、自分がどこへ行きたいのか、それはなぜなのかをわかっていなくてはならない。明確で実現可能な目標に向かって情熱を傾けなくてはならない。漠然とした「夢」からさらに具体的でレベルの高い内容へと目標を絞り込んでいくために、時間を割かなくてはならない。

ニューヨークに乗り込んだ時、盛田は、２つの重要な目標を頭に思い描いていた。１つはラジオをたくさん売ることであり、もう１つは「ソニー」という商標のもとにラジオを売るということだった。ブローバとの交渉のおかげで、盛田は「ソニーの商標を使う」という目標が「ラジオをたくさん売る」という目標よりも自分にとって重要であることを認識した。こうして盛田の目標は、より具体的なものへと昇華され、本社に対してもアメリカの企業に対しても、自分のビジョンをもっと明確に伝えることが可能となった。

盛田のエピソードにもうかがえるが、明確で野心的な目標を設定し、それに向かって情熱を傾けることができるというのは、優秀なリーダーに共通する要素の１つである。その意味では、フランクリン・Ｄ・ルーズベルトも、明確な目標に一直線に進んでいくパワーをもった卓越したリーダーといえるだろう。

ルーズベルトは、ポリオの後遺症を克服し、大恐慌と第２次世界大戦期のアメリカを率いた大統領として、その勇気と決断力を賞賛されている人物である。ルーズベルトは、若い頃から、将来はアメリカ大統領になるという夢を見事なまでに具体的に描いていた。１９０７年、当時25歳のルーズベルトは、大統領になりたいという野心と、どうやってなるかという克明な計画を、ハーバード大学の同級生に打ち明けている。その計画とは、ニューヨーク州議員を経て海軍次官補になり、ニューヨーク州知事を務め、大統領へ進むというものだった。ルーズベルトは、そら恐ろしいほどにこの計画どおり歩みを進め、見事に大統領の椅子へと辿り着いた。

交渉においても、多くの場合、何を目指すかで最終的に何が得られるかが決まる。それには三つの理由がある。

第1の理由は、言うまでもないことだが、設定した目標がその人の目指す上限となるからだ。目標を超えるレベルに対しては初めから戦意喪失してしまうものなので、最初に定めた目標を超える結果を出すというケースはあまりない。

第2に、目標は、心理的に〝頑張る〟メカニズムを動かすきっかけになるからだ。スポーツ心理学や教育の専門家は、明確な目標を設定することでやる気が起き、目標に向かって集中して情熱を注ぐ力がわくものだと述べている。

第3に、人間は、何か明確な目的の達成を目指して、自ら情熱を傾けている時の方が、気乗りしないままただ他人に言われたからというだけで動いている時よりも、頑張ることができるからだ。情熱は伝わる。情熱があれば、その人が目標に向かう勢いに周囲も巻き込まれていくものだ。

起業家のH・ウェイン・ホイジンガは、「ビジネスにおける交渉で成功するための秘訣の1つは、野心的な目標の実現に向かって情熱を傾けることだ」と述べている。ゼロからスタートして3つの巨大企業を築き上げ、同時に3つのプロスポーツチーム（アメリカンフットボールのマイアミ・ドルフィンズ、野球のフロリダ・マーリンズ、アイスホッケーのフロリダ・パンサーズ）

を買収・創設した彼だからこそ言える言葉だ。

トップクラスの実力を持つネゴシエーターが、実際の交渉場面や社内研修の場で、この「目標設定による効果」によって力を発揮するのを、私は何度も目にしてきた。明確な目標に向かって奮闘している人は、やる気や情熱の面でも、準備や忍耐強さの面でも、他人より秀でている。これは、何も熟練したネゴシエーターだけに言えることではない。交渉の場で、はっきりした目標を自覚していることは、どんな人にとっても精神的に非常に強い力となる。

「最低線」で妥協しないために

多くの「交渉本」や交渉術の専門家は、「下限ライン」を意識することが、重要だと強調している。確かに下限ラインが、現代の交渉理論の基礎的な概念であることは間違いない。それは、交渉している人が、承諾できる最低のレベルを意味する。

下限ラインが満たされない場合、原則としては別の解決方法を探したり、別の機会が訪れるのを待ったりすることになる。交渉に臨む売り手の下限ラインと買い手の上限ラインとの間に重なる部分があって、話し合いの余地がある場合は「ポジティブ・ゾーン」があるという。双方のラインが重ならない場合は、その差を「ネガティブ・ゾーン」という。買い手が資金をあまり持っておらず、売り手の承諾できる最低線の金額にも達することができない場合、ネガティブ・ゾーンが生まれることになる。

ただし、注意してほしい。よく練られた目標は、下限ラインとは全くの別物である。この場合の「目標」とは、理にかなった範囲内での達成するべき最高のレベルを意味する。実際の交渉においては、高く設定した目標に意識を持っていくことこそが、ずっと大切だと、私は考えている。

交渉のように複雑でストレスのかかる状況下では、人間は限られた範囲にしか意識を集中できない。つまり、交渉が始まってしまうと、自分にとって最も重要な1つのことにしか意識がいかなくなってしまうのだ。したがって、あまりにも下限ラインを意識していると、交渉を進めるうえで、下限ラインが最優先事項になってしまう。下限ラインを基準にして交渉の成功・失敗を考えるようになってしまい、下限ラインをクリアした途端、そこからもっと高いレベルを目指すように方向転換することは心理的に非常に難しくなってしまうのである。

では、63ページの図にある中古CDプレーヤーの売買を例にとって説明しよう。売り手は、最低でも100ドルで売りたいという下限ラインを考えている。ただし、中古品店での相場を考えて、売り値の目標は一応130ドルに設定している。

ここで売り手が「最低100ドルで売れればいい」という心づもりでいると、買い手が100ドルをやや超える額を提示してきた段階で気を緩めてしまいがちだ。これでもう無理して新しい

交渉におけるポジティブ・ゾーン

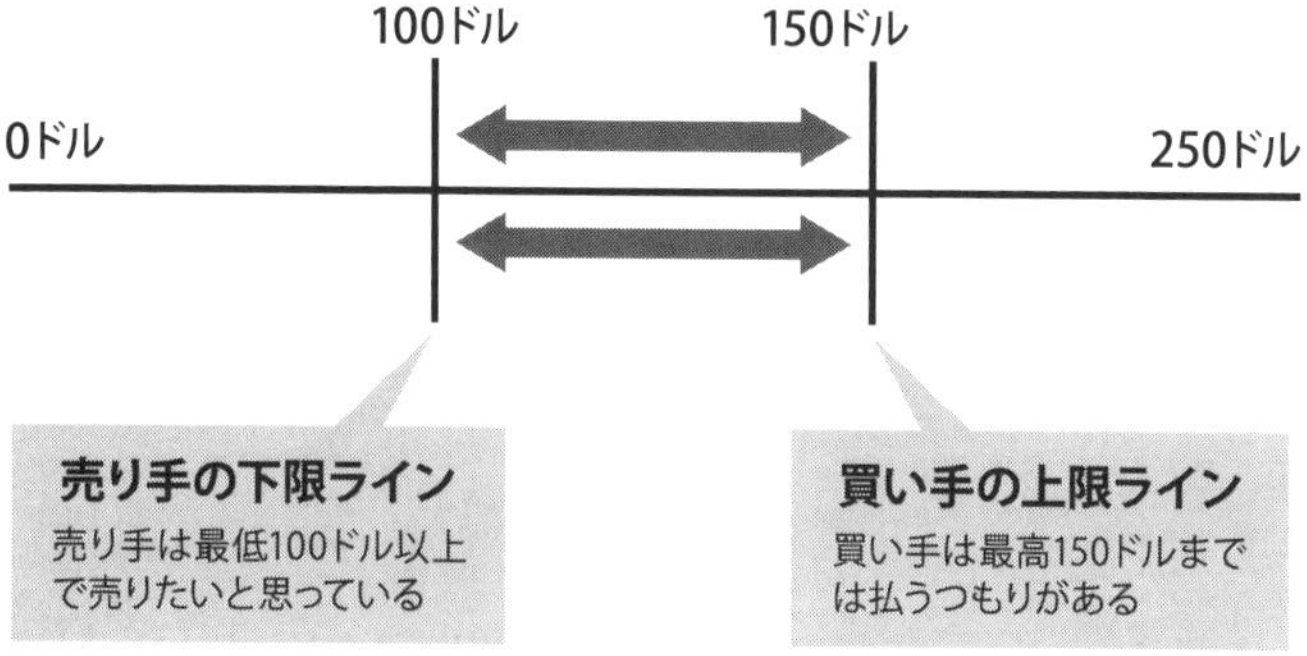

買い手を探さなくてもいい訳で、交渉も半分終わった気になってしまう。敏感な買い手なら（人は金の問題となると敏感になるものだ）、必ず売り手の気の緩みを察知して、それ以上高いオファーは出さなくなるだろう。

しかし、売り手が下限ラインに気をとられることなく、中古品の店頭価格である１３０ドルを目標としてしっかり意識していれば、１００ドル前後のオファーで早々気が緩むことはないはずだ。

上の図の１００ドルから１５０ドルまでが、「ポジティブ・ゾーン」である。

売り手は、中古のＣＤプレーヤーを売ろうとしている。最低１００ドルの値がつかない限り、売るつもりはない。

一方、買い手は、150ドル以上を払うつもりはない。

この場合、100ドルから150ドルまでの範囲内で、交渉成立の可能性がある。これを、「ポジティブ・ゾーン」と呼ぶ。

実際に、いくらで売買が成立するかは交渉のもっていきかた次第である。交渉においては、双方の限界ラインは、互いにわからないのが普通だから、そこは推測するしかない。


また、もし買い手が、上限ラインとして150ドルを考えていたなら、売り手が下限ラインにとらわれていた時よりも高い価格で、交渉がまとまる可能性も出てくる。

下限ラインばかりを気にしていると、交渉の結果はいつも、承諾できる最低のレベルから少し上のあたりで低空飛行することになりかねない。しかし、高いレベルの目標を目指して交渉に臨む人は常にもっといい結果を出している。

下限ラインを重視するという間違いをしないためには、「これ以下は絶対だめ」というリミットをわきまえたうえで、それに意識を向けないことだ。交渉に入ったら高いレベルの目標を達成することに全身全霊を傾け、下限ラインは放っておけばいい。

下限ラインと目標を両立させる一番の方法は、盛田のやり方だと思う。つまり、交渉の初期段階では目標（「ソニーの商標を使う」）を目指すことだけを考える。それから、契約を交わすにあたって、必要なれば下限ライン（「ラジオを最低この数だけは売る」など細かい点）を見据えて徐々に軌道修正していく。経験を積めば、目標に意識を集中させつつも、目標と下限ラインを同時に視野に入れることができるようになる。

交渉に入る前に目標を設定し、頭に叩き込むことの重要性がおわかりいただけただろうか。ここで、目標を立てる時の具体的な注意点を５つ挙げよう。

①自分が本当に欲しいものは何か、よく考える
②目標は高く、理にかなったものにする
③目標は具体的に立てる
④目標を書き出し、目標達成に向かって情熱を注ぐ
⑤交渉の時には、書いた目標を「肌身離さず」持つ

①自分が本当に欲しいものは何か、よく考える

交渉の準備にとりかかる際には、まず自分が本当に求めているものは何かを考えよう。ビジネスや買い物での交渉では、たいてい「価格」が重要な目標にされがちである。価格は誰の目にも

明らかな尺度であり、勝ち負けを判断しやすいものからだ。

だが、価格は最終的な目標に至るための一つの手段であり、決して最終目標ではない場合が多いことを、私達は忘れがちである。最終目標は、もっと本質的な利益をあげることであり、表面的な「価格」で勝つことではないはずである。

こう考えてみれば、わかりやすいかもしれない。あなたが買い手側だとすると、あなたは単に低い価格を求めているのではなく、価格に見合うだけの品質を備えていることを重視しているはずだ。安ければいいのか、それともあるレベル以上の質が欲しいのか、何を一番求めているのかを自分に問いかけてみよう。

逆に売り手側であるなら、あなたは今回の売買が、これからのビジネスにつながることを慎重に考慮する必要がある。たとえ「しめた」と思うような高い価格で売れたとしても、契約を破棄されたり一度限りの関係になってしまったりするのでは、大局的に見て何の利益にもならない。

いったん交渉が始まると、私達は、本当に求めているものが何だったかを忘れ、価格のように目に見えて勝敗がわかることに熱くなりすぎてしまいがちだ。したがって交渉に入る前に、自分にとって本当に大切なものは何かをじっくり考え、求めるものをはっきりさせておこう。

②目標は高く、理にかなったものにする

目標を設定する時は、「こうなってほしい」と願うことを大胆に、楽観的に思い浮かべよう。交渉においては、高い目標を持っている人の方が、控えめな目標を持っている人や単に「ベストを尽くす」としか考えていない人よりもいい成果を挙げている。

ここで、そのことを示す研究結果の一つを紹介しよう。１９６０年代、シドニー・シーゲルとローレンス・フォーレイカーという2人の心理学者が、売買交渉についての実験を行なった。2人は被験者にこう説明した。「これからやっていただく交渉で手に入れた利益は、すべてその人のものになります。ただし一定の目標値以上の利益を出した人に限り、手に入れた利益を2倍にできるボーナスチャンスにトライできます」

つまり、ここで2人は、被験者に一定の目標値以上を目指そうという意欲を与えたと同時に、おそらく意図的にではなかったのだろうが、提示される目標値は達成可能なレベルであるというヒントを与えている（そうでなければボーナスチャンスの話などする意味がない）。

被験者は2つのグループに分けられた。1つのグループには、ボーナスチャンスにトライするための目標値は2ドル10セントと示され、もう一方のグループには、6ドル10セントと示された。その結果、目標値6ドル10セントのグループは、6ドル25セントの利益をあげ、標値2ドル10セ

ントのグループが出した利益3ドル35セントを大きく上回ったのである。

私の行なった実験も、シーゲルらの実験結果を裏づけるものになった。私の実験では、被験者自身にそれぞれ利益の目標額を設定してもらい、最も高い利益を出した売り手と買い手1人ずつにそれぞれ100ドルの賞金を出すことにした。結果はやはり、高い目標値を設定していた人の方が、低めの値を目標にしていた人よりもたくさんの利益を出したのである。

このように目標を高く掲げる方が、より高い成果を挙げることができるのに、私達は、往々にして目標を低く設定してしまう。それはなぜなのか。いくつかの理由が考えられる。

まず、自尊心を傷つけたくないという理由がある。目標を低めに設定すれば、失敗する危険性が少ない。下限ラインをクリアしている限りは「こんなものかな」と自分に言い聞かせて満足できる。失敗して不愉快な気分を味わうこともない。

2つ目に、交渉について、情報が足りないせいで、どこまで利益が追求できるのか、実現可能な範囲を正しく見極められていない可能性がある。売ろうとしているものの真の価値をわかっていない、適切な基準についてのリサーチをしていない、買い手のニーズが非常に強い点を見逃している、などが原因として考えられる。いわゆる準備不足である場合が多い。

3つ目に、欲求が、それほど強くないという理由がある。自分はそれほどではないのに、金や支配権、力を手に入れたいという欲求が相手に強い場合、私達は高い目標を設定しないものだ。

自分がほとんど気にしていない事柄について、わざわざ摩擦やトラブルを起こそうとは思わないからである。

ただし、目標が高いのは結構だが、強気すぎるのは考えものだ。あまりに強気な目標だと感じたら、現実味を帯びるよう軌道修正しよう。強気な目標が効果的なのは、それが実行可能な場合に限られる。強気であっても実現できると自分が信じられ、何らかの客観的基準や原則に照らして理にかなっている目標である場合だけだ。

交渉で示す見解は、何らかの基準やベンチマーク、先例などによって裏付けられているものでなくてはならない。そうでないと、信頼を失ってしまう。いかに思い入れが強くても、あなたが5年間乗った中古車に、同じ車種の新車よりも高い値段がつくことはありえない。

ただし、「このあたりが現実的」だとか「妥当」ということばかりを気にしていてはいけない。目標が、達成不可能かもしれないという理由があるならそれを心にとめ、次善の「客観的な裏付けのある」目標を考えておけばいい。あなたの中古車が、新車と同じ価格では売れないにしても、中古車情報誌などを見れば相場を知ることはできるはずだ。相応の準備をしたうえでなら、車のコンディションが最高であることを論拠に、相場より高い価格を提示してもおかしくはない。

目標設定において、現実的になりすぎると良くない理由の一つに、この時点では相手の価値観や優先順位がまだ見えないことが挙げられる。相手の目標がはっきりし、相手がどのラインを妥当だと考えているかがわかるまでは、自分が「これなら理にかなっている」と考える範囲で最高の目標だけを追求していればいい。あなたの打ち出した目標では強気すぎて、とても話にならないという時には、相手がそう申し出るだろうし、きちんとした裏付けがある限り、強気な目標を提示しても相手を不快にさせることはない。礼儀正しく自分の考えを述べ、相手の考え方にも耳を傾けよう。

目標を高めに置くことを意識し始めたら、覚えておいてほしいことがある。初めのうちは、交渉の結果に少々の不満が残るくらいがいいということだ。

不満が残るということは、相手側からの抵抗にあうくらい高めの目標を設定している証拠であり、相手が交渉から降りてしまうリスクを冒している証拠でもあるからだ。経験を積むうちに、野心的でありながらも高すぎない目標設定ができるようになるだろう。

③目標は具体的に立てる

はっきりした目標を立てれば、その実現に向かって集中して取り組むことができる。例えば、転職する時には、単に「それなりの給料をもらう」ことを目標に交渉に臨んではいけない。「前の職場でもらっていた給料の10％アップ」など、具体的な目標を立てた方がいい。そうすれば、それだけの額を払ってくれる他の職場も、相場や他社の提示額など目標を掲げるうえでの根拠となる数字も、視野に入ってくるだろう。

「ベストを尽くそう」という考え方はよくない。「とりあえず交渉してみて、どれくらいもらえるか様子を見よう」という姿勢は最悪である。こういう心構えで臨むということは、本心では「交渉で失敗したくない」と思っているということだ。

失敗を恐れたり、失望や後悔を味わうのを避けたりするのを望むのは、当然の心理である。だが、そうした心理に負けることなく具体的な目標を設定してこそ、交渉をうまく進めることができる。

④目標を書き出し、目標達成に向かって情熱を注ぐ

いくら具体的な目標を設定しても、その実現に向かって一生懸命にならなくては意味がない。そこで、目標の実現を目指す気持ちを強めるのに役立つヒントを紹介しよう。

まず、自分の目標が理にかなったものであり、確固とした論拠に基づいていることを自覚しよう。一生懸命になるには、自分自身が目標を実現できると強く信じなくてはならない。

次に、目標が達成された時の情景や気持ちをリアルにイメージしてみよう。イメージがあれば

いっそう集中できるし、自信が深まり、情熱もわく。

さらに、目標を紙に書こう。心理学者やマーケティングの専門家によると、「目標を書きとめる」という行為は、単に心の中で思っているだけに比べて、目標達成への意欲をかきたてる効果が大きいという。書くことによって、考えがいっそうリアルに、客観的になり、その目標を追求しなくてはという責任感も強くなるのである。

心理学者ロバート・チャルディーニによると、訪問販売で成功している会社の中には、社内研修のマニュアルに、「書き出すことには不思議な力がある」とうたい、セールスマン全員に売上目標を書かせているところがあるという。これらの会社は、同じ原理を顧客にも適用している。キャンセルをできるだけ避けるため、契約書をセールスマンが記入するのではなく、顧客自身に書いてもらうように指導しているのである。自分で書けば、契約により責任を感じ、あとになって心変わりしにくくなるからだ。

交渉の目標をどう書けばいいかわからないという人のために、巻末に「交渉プランニングシート」を用意したので活用してほしい。このシートについては、第2部の「ステップ1」でも触れる。自分の気持ちを高めるためには、目標について他人に話したり、書いたものを他人に見せたりするのも有効だ。他人が目標を知っているとなると、その人達に対して、何らかの責任を負っているような気になるものだ。

さらに、目標を達成できなければ、その理由を誰かに釈明しなくてはならないケースでは、人はいつもより強気で交渉にあたるという研究結果もある。労使交渉の担当者やスポーツ選手の年棒交渉をする代理人、政治家などは、このパワーを最大限に利用している。ときに交渉の目標をマスコミに公表し、敵・味方を含めたすべての人に、自分が手に入れたいものを知らしめるのである。こうしたやり方で外堀を埋めると、否応なく目標に向かって邁進せざるをえなくなる。

ただし、その際には、状況に応じた臨機応変な判断が必要だ。双方が記者会見で目標を、公言したり、味方に向かって「絶対にあとへは引かない」という趣旨の発言をしたりすれば、どうにも逃げ場のないところへ自分を追い込むことになりかねない。対立がエスカレートして、労働組合がストライキを強行したり、政治家同士が非難中傷合戦を繰り広げたり、隣人や親戚が互いに「あの人とは二度と口をきかない」と周囲に公言したりする……。これらは、交渉の典型的な失敗例である。

最後に、目標達成に向けて何らかの物質的投資をし、もし達成できなければ、それを失ってしまうという状況を作るのも有効な手段だ。ある大手航空会社は、最近、機体のラインナップを広げるために、新しい航空機を４００機購入する契約にサインしたと発表した。ただし、「購入期限の来るまでにパイロットの賃上げ交渉が、ある程度のレベルで決着しないならば、購入契約は白紙に戻さざるをえないだろう」というコメントも付け加えられていた。

この一言で、航空会社は、パイロットとの賃上げ交渉において、3つのアドバンテージを握った。賃上げの容認レベルを公に明らかにし、交渉に確実な期限を設けたのもそうだが、何より大きかったのは、交渉が会社側の容認するレベルで妥結できなかった時に、会社が（またパイロット側が）失うものを明示してみせた点だ。結局、賃上げ交渉は期限内に、会社側の容認するレベルで妥結したのだった。

⑤交渉の時には、書いた目標を「肌身離さず」持つ

いざ交渉に入ると、相手側の出方によって、自分の目標を簡単に見失ってしまうことがある。そこで有効なのが、交渉の場で目標を「肌身離さず」持っていることだ。

自分を見失いそうだと感じたら、先へ進む前にひと息入れて、目標を改めて意識し直そう。目標を簡単なメモにまとめてポケットか財布にしのばせ、文字どおり肌身離さず持っていくことも、ときに役に立つ。

目標を見失わないことの大切さを知るのに、大きな代償を支払うはめになったのが、アメリカの大手ネットワーク局ABCの重役バリー・ディラーだ。1970年代前半、ディラーは、映画『ポセイドン・アドベンチャー』のテレビ初放映権をめぐる入札で、330万ドルという当時と

しては考えられない高値を提示して競り落とし、局に大損害を与えた。映画のテレビ放映権が公開入札されるのは、これが初めてのケースで、異様な雰囲気の中、ディラーは、「利益をあげる」という初期の目的を忘れて、競争に勝ちたいという熱に浮かされてしまったのだ。

これは、実験でも実際の交渉でも非常によく見られる現象で、交渉の専門家は、「情熱のエスカレーション」と呼んでいる。競い合う状況の中では、人は本来の目標を見失い、「勝った」と言いたいがために、金や時間など多くの利益を手放してしまう。勝利を収めれば、たいていは短時間でわれに返って後悔するが、もう後の祭りだ。競り合いがヒートアップして高すぎる価格で終了した競売で、落札した人にやがて押し寄せる後悔を、エコノミストは「勝者のぼやき」と呼んでいる。

ポイント2　これで王手！

「ポイント2」では、具体的で理にかなった、レベルの高い目標を設定することの重要性を学んだ。なぜ、それが重要なのだろうか。

第一に、確固とした高い目標を設定すれば、モチベーションが高まるからだ。気持ちが目標の実現をサポートしてくれる。集中できるし、目標を手に入れるための優れた論法や新しいアイデアも浮かびやすくなる。下限ラインを早くから意識しすぎるという、よくある失敗も避けやすくなる。

第二に、明確な目標を持っていると、相手にあなたの自信と決意が伝わるからだ。自分が何を手に入れたいのかをはっきり自覚し、なぜそれを手に入れなくてはならないのかという理由もわかっている人から発散される静かな自信と熱意……。ネゴシエーターの個性の中で、これほど強い力を持つ要素は他にないと言っても過言ではない。

効果的な目標設定をするためのヒント

- 自分が本当にほしいものは何か、よく考えよう
- 目標は高く、理にかなったものにしよう
- 目標は具体的に立てよう
- 目標を書き出し、目標達成に向かって情熱を注ごう
- 交渉の席でも目標を「肌身離さず」持っていよう

ポイント3　自分をフェアに見せてくれる鎧（よろい）で武装しよう

交渉に勝つためにまず必要なのは、こちらが相手の意見を理解していると、相手に確信させることだ。

サミュエル・テイラー・コールリッジ

交渉においては、人間の最も基本的な心理的欲求、つまり、「自分の言動が一貫していてフェアであるように見せたい」という思いが、大きな影響力をもつ。そこで、「できるネゴシエーター」になるための第3のポイントとして、この心理的欲求について考えてみたい。

自分の主張が、広く確立された「基準」と矛盾しないと示すことは、どんな交渉においても大きな意味をもつ。例をあげて説明しよう。

人類学者R・F・バートンは、1930年に発表した著書の中で、何年にもわたって、自身が実際に生活を共にしてきたフィリピンのある部族についてのエピソードを紹介している。話の核となるのは、豚をめぐる2人の男の交渉経過だ。このエピソードは、主張のよりどころとなる「基準」や「原則」について大事なことを教えてくれる。

二匹の豚をめぐる交渉

フィリピンのイフガオ族のある男が、隣に住む男から豚を2匹借りた。2年後、隣人が貸した分を返してくれと要求した。息子が結婚することになり、結婚式の贈り物として豚が必要になったからだ。これをきっかけに、2人の男は、何匹の豚を返済すべきかで論争となった。

イフガオ族では、動物を借りる時の「利率」には基準があった。貸していた期間の動物の「自然増加率」に応じて返すというものだ。2匹の豚を2年間借りたなら4匹にして返す、つまり、借りた数の倍にして返すのが妥当な線だとされていた。

ところが、息子の結婚式を派手にやりたいと考えていた貸し主は、欲を出した。豚を6匹返してほしいと主張したのである。その論拠は、貸した期間が丸2年よりも少し長いことと、貸した豚のうちの1匹は多産系の豚であり利率を高めに設定してもおかしくないということだった。しかし借り主は、4匹でいいはずだ、それが常識だと突っぱねた。

貸し主が、欲を出したのに刺激されて、借り主も態度を硬化させた。そんな折、借り主は貸し主の祖父が何年も前に自分からニワトリを一羽借り、返さないままだったことを思い出した。あのニワトリの自然増加率を考えれば、だいたい豚1匹分に相当する。ならば、豚は4匹でなく3匹返せばいいはずだ……。借り主はそう主張した。しかし、貸し主は、6匹から1匹まけて5匹にしてやってもいいが、それ以上は絶対に譲れないと言い張った。

こうして非難合戦を繰り広げた末、２人の家族は長老に仲裁を頼んだ。ところが、長老が調停に動き出した矢先、貸し主の息子が借り主の小屋に侵入し、借り主が一番大切にしていた先祖伝来の鐘を盗み出してしまった。交渉は暗礁に乗り上げた。

ここで、妻達が動いた。盗まれた鐘には、借り主の家を守る精霊が宿っていると信じられていた。借り主の妻にしてみれば、鐘なしの家ではひと晩過ごすのさえ恐ろしかった。貸し主の妻も、論争にはうんざりしていた。夫が豚問題に熱中しているせいで、家の畑が荒れ放題になっていたからだ。双方の妻はそれぞれの夫に、論争をやめて問題を解決するようにと迫った。

その甲斐あってか、長老が、ようやく次のような仲裁案をまとめた。貸し主は、鐘を元の場所に返すことを約束する。借り主は、ニワトリの返済の件はなかったこととし、貸し主に５匹の豚を返す。

実は、ここにひと工夫があった。長老は、借り主が差し出した５匹の豚のうち３匹のみを貸し主に返し、残りの２匹を仲裁料として自分のものとしたのである。この巧妙な解決策によって、借り主は、貸し主が最終的に要求した数の豚（５匹）を返し、貸し主は、借り主が最終的に主張した数の豚（３匹）を返してもらったことになった。そして調停の労をとった代価として、長老が２匹の豚をもらったわけである。

「基準」を持ち出せば説得力が増す

さて、このエピソードから何がくみとれるだろうか。どんな文化においても、人は信頼に足る「基準」や「原則」をよりどころにして交渉する傾向がある。こうした基準からあまりにもかけ離れた主張をすると、交渉相手をいらだたせてしまい、結局は自分も窮地に陥ることになる。不当な要求をしていると思われるからだ。

現代社会においても、イフガオ族の男が持ち出した「動物の自然増加率」のような「基準」が、重要な役割を果たしている。中古車を買おうとする人は、中古車雑誌などで相場を確認し、そのうえで車の状態や自分の予算、売り手が売り急いでいるかどうかなど、さまざまな条件を考慮して交渉する。不動産業者ならば、類似物件の相場を口にする。こうした相場も「基準」の1つだ。「基準」は、売り手と買い手の価格交渉を、スムーズに運ぶための道具にほかならない。豚の例でもわかるように、「基準」があるおかげで交渉の範囲が定まる。「基準」に沿って立てた目標であれば、主張しても不当に見えることはない（少なくとも自分の目にはそう映る）。

これは何も、利率や小売価格、株価などの相場だけを指すわけではない。

例えば、おもちゃの取り合いをしている子供は、「早い者勝ち」や「かわりばんこ」といった「基準」を持ち出して交渉する。企業の幹部が、経営戦略をめぐって議論を戦わせる時は、「収益性」、「ベンチマーキング」、「効率性」といった指標が「基準」となる。人員削減を余儀なくされた上司は、「年齢」や「生産性」といった「基準」に照らして、誰のクビを切るかを考えることだろう。

自分の行なう交渉に合った「基準」を見つけ、それを軸にしてどうすれば自分の論旨をうまくアピールできるかをきちんと考えておけば、交渉の場で自信をもって主張することができる。自分の望むものについて主観的な評価をするにとどまらず、もっと踏み込んだ説明ができるからだ。このように、客観的な「基準」を提示することは、目標達成へ大きく近づく一歩になる。

もちろん、相手が提示してくる「基準」に応える準備もしておかなくてはならない。交渉で使われる客観的な「基準」にさまざまな解釈の余地がある場合（たいていの「基準」がそうだ）、相手は、最も都合のいい解釈をあてはめようとしてくるからだ。

交渉を準備する時は、入手できるうちで最も説得力のある「基準」を利用して、目標の達成を目指そう。

では、最も説得力のある「基準」とは何だろうか。一番効果的なのは、理にかなっていると相手側も思わず納得するような「基準」、あるいは過去に相手側が使ったことのある「基準」だ。

みんな「正当性」がほしい

「基準」（ことに相手側が利用している「基準」）が、交渉において、これほど重要な地位を占めているのはなぜだろうか。それは、私達に「主張や言動に一貫性があり、筋道の立った判断をしている人だと思われたい」という傾向があるからだ。

この傾向を、心理学では「一貫性の原理」と呼んでいる。自分が以前に表明したモットーや社会における伝統的な基準、広く受け入れられている常識などと、自分の行動が明らかに矛盾することは避けたい……。こうした強い欲求の存在が、研究から明らかになっている。

「一貫性の原理」はまるでクモの巣のように、私達の人格のさまざまなレベルに張り巡らされている。このクモの巣を傷つけたくないために、人は、自分がそれまで持っていた考えと矛盾しないように（少なくとも自分の目には）見えるよう、行動を決めていく。

交渉の現場は、「一貫性の原理」がフル稼働する場である。気づくか気づかないかは別にして、相手が持ち出す「基準」や「原則」が、それまでの自分の発言やとってきた立場に合致するものだと、相手に同意したくなるものだ。一方、相手に自分の言動の矛盾を的確に突かれれば、落ち着かなくなる。

一連のやり取りの中で、「基準」や「原則」は、単なる情報以上の存在となる場合が多い。交渉を動かす強い推進力と言ってもいいくらいだ。

「一貫性の原理」を活かすには

「一貫性の原理」が交渉にもたらすものを、私は「原則のレバレッジ」と名づけた（レバレッジは、経済活動において、他人資本を使うことで自己資本に対する利益率を高めること）。「原則のレバレッジ」とは、利益を得たり立場を守ったりするために、「基準」や主張および行動の一貫性を利用することだ。こちらの掲げる「基準」が、理にかなっていると相手に納得させることができ、しかもそれが、双方の主張の食い違う点に関係する「基準」である場合、「原則のレバレッジ」は最大の効果を発揮する。

こちらのニーズや権利、「基準」だけが正しいという立場で話を進めていたのでは、合意は望めない。それどころか、「基準」の良し悪しをめぐり、相手との争いを自ら始めることにもなりかねない。したがって、一番賢明なのは、相手の好む「基準」を予測し、そこに沿った提案を作り上げることだ。それができないなら、今回に限ってはこちらの状況に合わせてもらえないか、そちらの「基準」を離れて考えてはもらえないかと持ちかけてみよう。相手の「基準」の正当性を攻撃するのは、あくまでも最後の手段にしたい。

具体例を挙げて話を進めよう。例えば、あなたが、病院での予算獲得交渉に関わっているとしよう。あなたは婦長で、看護婦の研修と看護サービスに、もっと予算を回すよう要求している。一方、外科では医師の部屋を増やすための予算増額を求めている。

もし、病院が、過去に「患者のケアの質を重視する」という方針を打ち出していたなら、予算交渉を進めるうえで、あなたは、「原則のレバレッジ」をある程度、手中にしていることになる。そこを踏まえ、きっちり下調べをしてデータを集めて効果的なプレゼンテーションをすれば、要求はぐっと通りやすくなるだろう。病院が、公に発表してきた方針と密接に結びついているので、主張に説得力が出るからである。

一方、外科の要求は、病院の方針とそれほど密接な関連性を訴えることができない。そうなると経営陣は、以前に出した方針との一貫性が強い方の言い分を聞かなくてはならないとプレッシャーを感じるものだ。看護婦と外科医なら、一般的な力関係は外科医の方が強いものだが、過去の方針を盾にうまく主張していけば、看護婦側にも勝つチャンスが出てくる。

だが、もし病院が別の方針、例えば、「腕のいい医師が集まる病院にしよう」などを打ち出していたとしたら、逆に外科が、それを「原則のレバレッジ」として利用してくることを予想しておいた方がいい。その場合、看護婦側としては、「贅沢な部屋を用意するより看護スタッフの質がいい方が医師にとっては魅力なはずだ」という路線で攻めていくのがいいだろう。

もう一つ、もっと難しい例を挙げよう。あなたは、会社の課長で、課のリストラを迫られている。どの課も人員の10％を削減しなくてはならないのだ。しかし、どう考えても、人員を10％削減したら、あなたの課の仕事は成り立たない。さあ、あなたはどうするだろうか。

多くの人がまず思いつくのは、そんな削減はできない、全員残してくれと上司に訴えるやり方だろう。だが、そんな頼み方で説得力があるとは思えない。誰もが同じことを訴えるだろうし、それをすべて聞いていたのでは、上司はリストラの目標を達成できないからだ。

では、人手が足りなくなると訴えたらどうだろう。それでも上司は「効率を上げればいい」と反論し、少ない人員でやりくりする算段をつけるように命じるだろう。

一番いい方法は、どのような「基準」や「原則」が、この問題に関わってくると〝上司が〟考えているかを予測し、あなたのではなく「上司の基準」をもとに論旨を組み立てることだ。例えば、上司が効率アップを優先するタイプなら、効率を柱にして主張をすればいい。

その場合、こう交渉してみよう。自分の課のスタッフが担当している仕事を検証した結果、5つの種類があった。うち1、2、3番目までの仕事は非常に効率良くこなせるが、4番目と5番目の遂行には人員が足りない。だから、人員を10％削減するなら、スタッフに余裕がある他の課に4番目と5番目の仕事を振ってくれないだろうか。そうすれば1、2、3番目までの仕事に関しては、これまでと遜色なくこなせるだろう……。

あるいは、「自分の課のスタッフを多めに残し、その分、他の課のスタッフをたくさん切ってもらえれば、複数の部署にまたがる職務の遂行プロセスにかかる時間とコストを大幅に削減できる」ということを示すのも手だ。このやり方だと、リストラの主眼である「経費節減」に合致するうえに、上司が重視する「効率」の観点から見ても好ましいものになる。

相手の好む「原則」に沿った主張をするだけでいつも必ずうまくいく、とは言い切れない。だが、自分の視点にばかりこだわるよりも、目標を達成する可能性はずっと高くなるはずだ。本書で挙げる交渉の6つのポイントは、どれ1つとして単独で成功を確約してくれるものはない。それぞれのポイントに気を配ることで、成功する可能性は徐々にふくらむものなのである。

自分のニーズを相手の「原則」に合うようにして訴えると、相手に敬意を示すこともできるし、結果として相手の注意を引き、共感を呼ぶこともできる。成功と失敗は紙一重だ。どんなに小さくても、目標達成にプラスになることを積み重ねていけば、最後には意味を成す力になる。

「一貫性の罠」に注意

「できるネゴシエーター」は、首尾一貫しているように見られたいという人間の欲求を知っているし、その傾向をできるだけ利用しようとする。しかし、そこを利用して相手を罠にかけようとする狡猾な人もいる。これを「一貫性の罠」と呼ぶことにしたい。

「一貫性の罠」とは、一見、害のなさそうな「基準」を相手に先に認めさせておき、そこを突いて、相手の利益に反する点についても認めざるをえないように追い込むという手である。いわば一種の知的な脅迫であり、巧妙な手だけにきちんと対策を講じておいた方がいい。

クレジット会社や保険会社、セールスのノルマの厳しい会社などは、この「一貫性の罠」を利用して電話勧誘を行なうようスタッフを訓練している。電話にせよ対面交渉にせよ、相手が理由を明らかにせず、いきなり何かに同意を求めてきたときは要注意だ。

具体例を挙げよう。夕食時に電話がかかってくる。長距離電話会社からだ。

「お金を節約することに興味をお持ちですか？」

「ええ」――そう答えた瞬間、あなたはもう罠にはまっている。相手はこうたたみかけてくるはずだ。「お宅さまの1カ月間の電話ご利用状況から見まして、弊社のサービスに切り替えていただければ月に100ドル以上お得になると思われます。今すぐにお金の節約を始められてはいかがでしょう？」

論理的には、ここであなたは「はい」と言わざるをえない。「ノー」と返事するには何か新しい口実をひねり出さなくてはならない。だが、勧誘する側もそんなことはお見通しだ。準備万端、さまざまな答えを用意している。

「一貫性の罠」を好んで使うのは、攻撃的で「競争志向」の人だ。狡猾なネゴシエーターは、表面上はもっともに思える「基準」や「原則」をあなたに認めさせようとする（「会社の売却価格は似たような企業の売却価格の相場を反映するべきだと思いませんか？」）。そのうえで、あなたの主張は、たった今あなたが認めたばかりの「基準」に矛盾している、と攻めてくるのだ（「あなたが提示された売却価格は相場より30％高いですよ。今、相場に沿うべきだとおっしゃったではありませんか」）。

では、このような攻撃にはどう対処すればいいのだろうか。防御策としては、とにかく警戒することだ。相手が、目的をはっきりさせないままに誘導尋問を始めたら、すぐには答えない。相手のペースに巻き込まれないようにして、落ち着こう。そして形勢を逆転させるのだ。

言質を与えてしまう前に、なぜそうした質問が必要なのかを尋ねよう。できるだけ多くの情報を相手から引き出そう。何らかの「基準」に同意せざるをえない状態に追い込まれてしまったら、自分の言葉でその意味を説明し、できるだけ広く解釈できるような発言をしておこう（「たしかに相場は大切だと思いますが、具体的にどの時期のどの産業の相場を参考にすればいいでしょうか。データを全部見せていただけませんか？」）。

いくら気をつけていても、罠をかけようとする相手とやり合うのは落ち着かないし、不愉快なものだ。とにかく相手の動きをぴったりマークしよう。それでも矛盾を突かれて苦しい立場に追い込まれたら、道は二つある。自分が認めてしまった「基準」に沿うように提案を修正するか、提案は死守する一方、「基準」に同意したのは間違いだったと認めてしまうかだ。後者を選ぶと恥をかくことにはなるが、不本意な契約を結ぶよりも傷は小さくて済むかもしれない。

「観客」を用意する

相手の「基準」や「原則」に沿って、提案を主張するやり方が有効なのは、こちらの目標と相手の「基準」が同じ方向を向いている場合に限られる。では、相手の「基準」がこちらの目指す方向と全く逆で、こちらに有利になるような解釈をする幅もない場合はどうすればいいのだろうか。相手の「基準」を攻撃して、考えを変えさせようとするのも一つの手だが、それでは相手がかえってその「基準」に固執する可能性が高い。

こうした場合には、味方を探そう。相手も一目置く存在で、こちらの「基準」に共感している第三者がいい。味方を見つけたら、その人がいる前で、またはその人の保護のもとに、交渉を進める。「基準」が適用されているかを監視する「観客」または「証人」になってもらうのだ。「観客」の頭にある「一貫性の原理」の力を借りて、こちらの目標に立ちはだかる相手を迂回するという作戦である。

ガンジーはいかにして一等車両に乗ったか

「観客」の利用法について、マハトマ・ガンジーの自伝に出てくる南アフリカでのエピソードを題材に検証してみよう。若き弁護士ガンジーが、南アフリカでインド人の人権を守るために闘っていた時の話である。

南アフリカの法律では、インド人（南アフリカの白人からは「クーリー」と呼ばれていた）は、列車の3等車両に乗らなくてはならないとされていた。南アフリカ在住のインド人の多くは、法律を変えようと試みるよりも、侮辱を我慢して穏便に暮らす道を選んでいた。

ガンジーは、南アフリカに着いてすぐ、1等車両に乗っていて放り出され、この法律の存在を知った。強い衝撃を受けたガンジーは、2度目の挑戦をすることにした。

ガンジーの「基準」は、「きちんとした身なりできちんと振る舞う人は、人種に関係なく1等車両に乗ることができる」というものだった。一方、鉄道会社側の「基準」は、「クーリーは3等車両に乗らなくてはならない」であろうとガンジーは予測した。法律は、鉄道会社の側にあった。

そこでガンジーは、まずキーマンを見つけ出し、その人に直接会って、1等車両の切符を売ってもらえるよう個人的に頼むという手を考えた。ガンジーは、列車の始発駅であるダーバンの駅長の名前を調べ、手紙を出した。手紙には、自分はイギリスの法廷弁護士で、いつも1等車両で旅行しており、切符を発行してもらいたいので、翌日、駅長室を訪問するつもりだと記した。相手に時間的な余裕を与えないことで、門前払いされる可能性をなくしたのである。これで駅長は、ガンジーと直接会って話すしかなくなった。そうなれば勝ち目は大きくなると、ガンジーは知っていたのである。

翌日、駅長室を訪れたガンジーは、彼自身の言葉を借りれば、「完璧なイギリス紳士の格好」であるフロックコートにネクタイといういでたちだった。駅長と自分は、たとえ人種は違っても、同じ社会階級に属していることに変わりはない、という基本的な事実を相手に印象づけたかったからだ。

「あなたがあの手紙を？」と、デスクの前に姿を現したガンジーに、駅長が尋ねた。

「ええ」とガンジーは答えた。「切符を売ってくださると非常に助かります。今日中にプレトリアに着かなくてはならないので」

ここで、あくまで駅長に直接会うことにこだわっていたガンジーのやり方が功を奏し、運もガンジーに味方した。

「私は、トランスヴェール〝南アフリカ出身の白人〟ではないのです」と駅長は言った。「私はオランダ出身です。あなたのお気持ちはよくわかります」

駅長は、切符を発行すると言ってくれた。ただし、車掌が文句をつけてきた場合に自分に迷惑をかけないのであれば、という条件付きだった。ガンジーは同意したが、これでいざというときに頼みになる有力者の後ろ盾はなくなった。

ここからが難しいところだった。おそらく自分とは違う社会階級の人間で、しかもトランスヴェールであるだろう車掌に、自分が1等車両に座ることを認めさせるにはどうすればいいのか。ガンジーは、ここで「観客」を利用することにした。「きちんとした身なりできちんと振る舞う人は、人種に関係なく1等車両に乗ることができる」という自分の「基準」に理解を示し、車掌が「この人の言うことは聞かなくてはならない」とプレッシャーを感じるような人を探したのである。

ガンジーは、1等車両の通路を歩き回り、ぴったりの人物を見つけた。コンパートメントに、イギリス人紳士が1人で座っていたのだ。南アフリカの白人は誰も同席していない。ガンジーは、そのコンパートメントに座り、1等の切符を握って車掌がやってくるのを待った。

やってきた車掌は、すぐにガンジーがインド人であることを見て取り、3等へ移動するように居丈高に命令した。ガンジーは自分の1等切符を見せた。

「そんなものは関係ない」と車掌は言った。そこに、イギリス人紳士が口を挟んだ。

「君、この紳士をわずらわせるとはどういうことだね。この方はちゃんと1等の切符をお持ちじゃないか。私はこの方と一緒で全く構わんよ」。そして、紳士は、ガンジーの方に向き直り、こう言った。「あなたはここでゆっくり座っておられればいいのです」「クーリーと一緒がいいと言われるなら、どうぞご勝手に」と車掌は、捨て台詞を残して、しぶしぶ引き下がった。

こうしてガンジーは、1等車両で旅行をすることができた。イギリス人紳士を「観客」として利用し、南アフリカの不平等な法律に、一時的にではあるが打ち勝ったのだ。後に、ガンジーは、国際世論を「観客」として使い、インドに対するイギリスの理不尽な仕打ちを訴えて、インド独立を勝ち取っていくことになる。

スローガンの力を利用する

「一貫性の原理」が、交渉において大きな力を発揮した例としてもう一つ、スローガンを使う方法を紹介しよう。交渉を始める時からスローガンを打ち出せば、相手にこちらの意図と基本姿勢を知らせることができる。

例えば、車を買いに行った時に、「自家用のセカンドカーが欲しいんだ。性能が良くて、小さくて、安い車がいいんだが」と言うのもスローガンだ。

優れたスローガンは、相手にこちらの意図を示すだけでなく、自分の目標から目をそらさない効果もある。交渉が難航し、期限が近づいた時も、優れたスローガンを持っていれば、自分の基本姿勢を保つことができる。強風にあおられた船を守る、頑丈な綱と支柱のようなものだ。

1997年、全米トラック運転手組合は、アメリカ最大の宅配便会社ユナイテッド・パーセル・サービス・オブ・アメリカ（UPS）を相手に、大規模なストライキを敢行し、見事に勝利を収めた。大規模ストライキで労組側が勝ったのは、アメリカ現代史上初と言ってもいいほどの稀なケースである。

勝因は、「パートタイマーに明日はない」というスローガンだった。労組は、慎重に練り上げたこのスローガンを、あらゆる機会をとらえてアピールしたのだ。当時、UPSで働く18万人の労働者と配送トラック運転手の多くがパートタイマーだったが、彼らは、パートタイムではなくフルタイムで雇ってほしいと会社に訴えた。このスローガンは、労組の人間はもちろん、他の業界で、パートタイマーの地位に不満を抱いている人々も巻き込んで広がっていき、「UPSがパートタイマーの比率を増やしていることが問題のすべてだ」という印象を強めることになった。

UPS側も、「競争力が勝負を決める」というスローガンで対抗しようとしたが、労組側の用意周到な攻撃には叶わなかった。

「パートタイマーに明日はない」というスローガンは、ありとあらゆるところに掲げられた。無数のプラカードに書かれ、テレビや新聞や雑誌に取り上げられ、インターネットにも登場した。このスローガンは、18万人のストライキ参加者を結びつけただけでなく、世論にもアピールした。一般の人々にとって、大きな迷惑となるストライキでは、世論という「観客」を味方につけることが何よりも重要だ。

説得力のあるスローガンで、優位な立場を得た労組は、給料の引き上げと1万人のパートタイマーを、今後数年間のうちに正社員に格上げするという約束をUPSから取り付けた。ストライキが終わった後、UPSの副社長ジョン・W・オルデンは悔しそうにこう語った。「労組が、パートタイマーの問題に焦点を当てて、攻めてくるとわかっていたら、もっと対処のしようがあったのに」

スローガンは、あまり重要視されないことが多いが、ときに重要なカギとなる。目的をわかりやすく表現した説得力のあるスローガンを掲げることができれば、自分の考えをまとめやすくなるし、論旨も一貫する。メッセージが相手に伝わりやすくもなる。こちらが首尾一貫した姿勢をとっていることがわかれば、相手はそれを評価するものだし、そのことで大きな優位を保てる。

人は「お墨付き」に弱い

人間は権威に弱い。交渉においては、このことが、交渉プロセスや結果にさまざまな影響を与える可能性がある。

「基準」や「原則」が、交渉で威力を発揮する理由の1つに、それらが市場や専門家や世間が認めた、公正で納得できるものであるという「権威」のメッセージを発する点が挙げられる。加えて、人は誰しも何らかの社会的立場を担っている。そして、その立場にいる以上はこうあるべきだと自分が考える姿――この会社のこの肩書きの人ならこう行動すべきだ、権威のある人や有識者、業界の慣習には従うべきだというイメージ――にできるだけ沿わなくてはならないという強いプレッシャーを感じる傾向もある。

たしかに、権威に従うことには意味がある。オフィスのレイアウトについて、上司の趣味にいちいちたてついたり、「故障中」や「入るべからず」の掲示が本当かどうかいちいち確かめたりしていたのでは、社会は正常に機能しなくなってしまう。

しかし、交渉においては、権威は2つのやっかいな問題を引き起こす。1つは、逆らいがたい権威のあるように見える言葉を持ち出して、相手が攻撃してくるという問題だ。もう1つは、権威を前にすると、自分の要求が理にかなっていても、うまく主張できなくなるという問題である。

例えば、熟練したネゴシエーターは、権威に弱い人間の習性をうまく利用する。相手の１人が、いかにも難解な法律用語で書かれた分厚い契約書を用意し、相棒が手慣れた様子で説明するというのはよく使われる手だ。また、相手が自分の立場を弁護するのに、「社の方針」や「業界の慣例」を盾にするというケースもある。いずれも、権威を持ち出して攻撃する例の典型だ。

ハーブ・コーエンは、著書『交渉ごとに強くなる法』の中で、権威に弱い習性を利用すれば、いかにやすやすと人を操れるかを示す、興味深いエピソードを紹介している。隠しカメラを設置して、さまざまな状況における普通の人々のリアクションを撮影するテレビ番組で起こったことだ。

ある日の放送では、番組スタッフが、高速道路の一車線に大きな偽看板を置いた。看板には、「道路閉鎖中」と書かれていた。近づいてくる車を減速させるために、偽看板の近くにライトを持った人間まで配置する念の入れようだった。隠しカメラに収められた看板に近づく車の映像を見てみると、掲示を無視して走り去る車もあったが、たいていの車は、看板の手前で止まり、スタッフに様子を尋ねていた。これが、看板に大きく印刷された字の持つ魔力なのだ。

だから、難しい用語がずらりと並んだわけのわからない借用書を見せられたり、「専門家」と自称する人から難解な説明を受けたりすることがあったら、この偽看板のエピソードを思い出してほしい。相手は、あなたが深く考えずに受け入れてくれることを狙って「道路閉鎖中」という偽看板を掲げているのかもしれない。

権威に弱い習性は、組織の中で、自分の考えを述べたり何かを交渉したりする時にも響いてくる。自分に理があると思っても、主張できない人や、上の人が言うことだからと無条件に命令に従う人は多い。看護婦が医師の出した指示だからと、何も考えずに患者の目に耳の薬をさすなど、ときに常識では考えられないことが起こるのはそのせいだ。制服を着る仕事に従事する人や上下関係の厳しい組織で働く人は、「権威に弱い」という人間の習性が任務の正しい遂行を妨げかねないことを、常に肝に銘じる必要がある。

交渉の最中に「権威」に屈してしまいそうだと感じたら、いま一度立ち止まって状況をよく考えよう。相手に従おうとしているのは、本当に相手の言うことが正当だからなのか。それとも、相手の権威や地位の高さのせいなのか。じっくり考えて結論を出してほしい。

ポイント3　これで王手!

「基準」や「原則」、スローガン、権威は、交渉において頼りになる存在だ。しかし、問題が些細なことであるとか、相手の社会的な立場が特に強いならともかく、権威のある「基準」や歯切れのいいスローガンを振りかざすだけで勝てることはまずない。それらはあくまで、交渉を優位に進めるうえでのサポート役にすぎない。自分が利用する時も、相手に利用されて攻撃される時も、このことをよく覚えておいてほしい。

利害関係が大きい時、人は、自分が矛盾する発言をしたとか相手の論旨に非の打ちどころがないからといって、それだけで譲歩するものではない。許容範囲内だとか、自分の目標達成に向けて意味のあることだと判断するから、相手に譲るのである。

別の言い方をしよう。筋の通った「基準」は、あなたの主張が理にかなっていることを示すと同時に、相手の注意を引く役割を果たす、交渉の「入場券」にすぎない。「入場券」は必要だが、それだけで成功にたどり着けるわけではない。結局、最後に価格を決めるのは、買い手にどれだけ払う気があり、売り手がどこまで受け入れる気があるか、というたった2つの要因だ。

冒頭で紹介した2匹の豚の例では、交渉のヤマ場は、貸し主の息子が借り主の家の鐘を盗んだことだった。鐘は借り主の家族の精神的な柱であり、それを盗んだというのは貸し主の家族の敵意の表れだった。盗難沙汰は、早く争いを治めたいという気持ちを借り主側に呼び起こし、一方で、長老に対して顔向けできないという気持ちを貸し主側に呼び起こした。こうして両方の要因が影響し、借り主は要求された5匹を払い、貸し主は3匹だけを手にするという仲裁案で交渉が妥結することになったのである。

1等車両でのガンジーと車掌との交渉にも、権威の存在以外の別な要素が働いていた。イギリス人紳士がいたせいで、車掌は不愉快な選択を迫られることになった。ガンジーを車両から追い出して、威厳のある、おそらく権力をもった紳士とやり合うか、黙って引き下がり、あとで「法を破ってクーリーに切符を売ったやつがいる」と愚痴をこぼすか……。ガンジーが1等車両に乗ることを認め、表立ったトラブルを避けるという行動を選んだのは、車掌が自分にとっての利害を総合的に判断した結果だった。

「基準」や「原則」で知的武装するためのヒント

- 自分の主張を正当化するのに、どんな「基準」や「原則」が使えそうか調べ、その中で相手にも正しいと思ってもらえそうなものはどれか考えよう
- 自分の主張を支えるデータや意見を用意しよう
- 相手側の主張や、持ち出してきそうな「基準」を予測しよう
- スローガンを用意し、相手はどんなスローガンで来るか、考えておこう
- 必要ならば、自分の考え方に共感してくれる「観客」の前で、交渉することも考えよう

ポイント4　人間関係をうまく活用しよう

他人を正当に扱えば、その人からも正当に扱ってもらえるだろう
少なくとも10回に9回は。

フランクリン・D・ルーズベルト

交渉は、人間同士の行なうコミュニケーションである。したがって、交渉の場でどんな人間関係を築くかが、交渉の成否に大きく関わってくる。相手との間に一定の信頼関係が生まれれば精神的に落ち着くし、コミュニケーションも潤滑に進むようになる。

人間関係は、目標達成の助けになると共に、目標変更のきっかけとなることもある。例えば、法人のクライアントには高い料金でサービスを提供するのが常であっても、親友がトップを務めるクライアントに対しては、ほとんどの人が料金を安くするのではないだろうか。

人間関係の根底には、壊れやすい繊細な力学が働いている。それが「信頼」だ。信頼関係があれば交渉はうまくいく。信頼関係がなければ、交渉は難航しがちだし、さまざまな外的要因の影響を受けやすくなる。

では、交渉相手との間に信頼関係を築き上げ、維持していくための秘訣とは何だろうか。それ

は人間の行動を左右する、単純にして強力な「相互利益の原理」である。好意には好意をもって返すことが、互いの利益になるという原理だ。

「相互利益の原理」とは何か

社会学者のアルビン・グールドナーは、人間が、「相互利益の原理」に対して感じ責務を次のように説明している。「人は、相手も同じ人間だからとか、仲間だからとか、こういう社会的地位にいるからということではなく、相手の以前とった行動に対して責務を感じるものだ。相手が以前に自分のためにやってくれたことや、相手と結んできたこれまでの人間関係のゆえに何がしかを負うことになる」

心理学や人類学の研究によると、大きいものから小さいものまで、あらゆる取引には「相互利益の原理」が大きな影響を与えているという。私達は、最初に届いたクリスマスカードの送り主にまずカードを送るものだし、妥協してくれた相手には譲歩しようと思うものだ。

交渉の現場に疎い専門家は、「相互利益の原理」を軽視しがちだ。人間はどんな交渉においても、最大限の利益を上げようとするものだと考えている。だが、熟練したネゴシエーターの読みはもっと深い。「相互利益の原理」に裏打ちされた安定した関係のもとで、うまくコミュニケーションがとれれば、経済的な面でも精神的な面でも大きなメリットと満足感が得られることを知っているからだ。

相手との間にしっかりした信頼関係があることは、正式な契約書や保証書を何千枚積み重ねるよりも意味がある。また、信頼に足る人間であることは、将来のビジネスチャンスを生むだけではなく、自分への誇りも生んでくれる。

モルガンとカーネギー

交渉において「相互利益の原理」が、いかに大きな役割を演じるかを、ビジネス界の大物２人の例を挙げて説明しよう。アンドリュー・カーネギーとＪ・Ｐ・モルガンである。

19世紀後半に活躍した鉄鋼王カーネギーの自伝には、銀行家Ｊ・Ｐ・モルガンとのエピソードが出てくる。２人がまだ若き実業家だった時代に、なぜ「特別な」関係を結ぶに至ったかの話だ。

１８７３年の恐慌の最中、カーネギーは資金調達ができず、絶望的な状況に追い込まれていた。カーネギーの窮状を察知し、自分に有利な取引ができるだろうと踏んだモルガンは、以前にモルガン一族とカーネギーが設立した合名会社の持ち株を売る気はないかと打診した。

カーネギーからはすぐに「金になるなら何でも売る」と返事がきた。モルガンが希望額を尋ねると、「6万ドルなら大変有り難い」とのことだった。5万ドルが合名会社に対する出資分で、1万ドルが売却金だという。モルガンは同意し、契約は成立した。6万ドルといえば現在の数百万ドルに値し、当時としては相当な額だった。

交渉が成立した翌日、カーネギーは金を受け取るためにモルガンのもとを訪ねた。すると、モルガンは2枚の小切手を渡した。1枚には6万ドル、もう1枚には1万ドルと記入してあった。びっくりしているカーネギーに、モルガンはこう説明した。確認したところ、カーネギーの実際の出資分は5万ドルではなく6万ドルだったことがわかった。だから、正しい額の6万ドルと売却金の1万ドルを用意した――そう言うのである。

カーネギーは恐縮した。「そんなことをしていただいては」と、1万ドルの小切手をモルガンに押し返した。「お気持ちだけで十分です。この1万ドルはお納めください」「とんでもない」とモルガンは答えた。「そんなことはできません」

結局、カーネギーは7万ドルを受け取ることにした。1万ドルの勘違いを、モルガンがわざわざ申し出てくれたことは、カーネギーの心に深く刻まれた。彼はその場で「モルガンにも、彼の一族にも、これからは絶対に迷惑をかけまい。モルガン一族は私の親友だ」と心に誓ったと、自伝に書いている。すでに契約を交わしている以上、モルガンは、カーネギーの株を6万ドルで買う法的な権利を持っていた。それなのに、モルガンは権利を行使しなかった。単なる契約の履行より、カーネギーとの間に意味のある特別な関係を結ぶ機会を大事にしたのである。

モルガンは、カーネギーに「いい人」と思われるような、大げさな行動をとったわけではない。感動的な言葉をかけたわけでもない。ただ、自分が信頼に足る人間だということを示す機会をとらえて2枚の小切手を渡し、自らの姿勢を明確に示しただけである。プラスアルファの1万ドルが築いた2人の信頼関係は、その後も何度となく大きな意味を持つことになった。

あなたはどこまでフェアになれるか

「相互利益の原理」は、突き詰めれば次の3つのステップからなる行動原理に集約できる。

自らが常に信頼に足る人間であること。自分自身がそうでないものを他人に求める権利はない。フェアに接してくれる相手には、自分もフェアな対応をすること。

自分がアンフェアな扱いを受けたと感じたら、それを相手に伝えること。アンフェアな扱いをされて黙っていては、相手にいいように利用されて、あとには怒りが残るだけだ。それでは相手との人間関係は完全に崩壊してしまう。

これら3つが、交渉におけるフェアプレーの原則である。その重要性を「究極のゲーム」で説明しよう。人間はいかに公平さに敏感であるかを示すのに専門家が使う、簡単な実験である。

あなたは、とあるバーで見知らぬ人の隣に座っている。そこへ別の人物がやってきて、隣の人に100ドルを渡し、こう言った。「あなたがた2人で、この100ドルをどう分けるか話し合ってください。話がつけば、その決定どおりの金額を差し上げましょう」

ただし、ルールがある。隣人はあなたにいくら分けるか、ゼロから100ドルの間の金額を1回だけ提案することができる。あなたは、その提案を受け入れるか、蹴るか、どちらかしかできない。つまり、交渉はできないのである。あなたが受け入れれば、100ドルをその提案どおりに山分けできる。あなたが断れば、2人とも金を受け取れない。1回目が終わったら、再び隣人に100ドルが渡され、ゲームは続行される。

さて、ここで相手が「私が98ドル取ります。あなたは2ドルでどうですか」と言ったとしたらどうだろうか。2ドルだろうが、何ももらえないよりはいいに違いない。しかし、被験者の多くが、この明らかに不公平な提案を蹴った。自分の取り分が全体の25%から30%くらいになるまで蹴り続けた人たちもいた。

自分の方が圧倒的に少ないような分け方は不公平なので、提案を蹴ることで相手を罰するというわけだ。2ドルをあげると言われて断ればたしかに自分も2ドルを損するが、相手は98ドルを損する。98ドルを渡さないことで相手を罰して「公平さ」を訴える方に意味がある、と判断する人が多いのである。

2回目のゲームでは、1回目で見せたあなたの姿勢が、相手の出方に影響を与える。すでに「見知らぬ人」ではなくなっている隣人は、今度はいくらを提案してくるだろうか。

もし1回目に2ドルという不公平な提案を受け入れていたとしたら、今度も相手は2ドルと言ってくるだろう。しかし、1回目に2ドルの提案を蹴っていたとしたら、今度は2ドルよりも多い額、おそらく50ドルあたりを提案してくるはずだ。1回目であなたが公平さにこだわったことで、公平さと「相互利益の原理」という土台ができたのである。

相手が欲にかられることのない公平な人物で、初めから50ドルを提案してきたらどうだろうか。50ドルずつ折半するというのは明らかに公平な分け方であり、ほとんどの人が気持ちよくこの提案を受け入れるだろう。

では、相手が55ドルをあなたに渡すと言ってきたらどうだろうか。1873年の恐慌時、モルガンが、カーネギーに対して行なったのがこの行為だ。あなたもカーネギーのように、新しい友人に対して55ドルを返すと申し出て、公平さを保とうとするだろうか。だが、このゲームではそれは許されないから、あなたは55ドルを受け入れなくてはならない。

そうなると、それまでは見知らぬ間柄だった相手との関係も変わってくる。あなたは、相手に何がしかの「借り」があるという気持ちになる。1万ドルの勘違いをモルガンに救われたあと、カーネギーはどうやって返礼すべきかと悩み、結局は、モルガンを生涯にわたって変わらぬ友として尊敬することを決意した。

「究極のゲーム」から得られる結論ははっきりしている。自分が、絶対的に優位な立場に置かれたという理由だけで特権を行使するのは、決して賢明な選択とは言えないということだ。むしろモルガンの例にならい、そうした機会を利用して将来に役立つ関係の土台を築くことの方が大事な場合もある。

寛容は寛容を生む。公平さは公平さを生む。アンフェアな行動に出れば、相手も態度を硬化させる。これが人間関係における「相互利益の原理」だ。交渉において、情報を交換したり譲歩を求めたりする段階においても、この原理は力を発揮する。

したがって、いつも行動は代わりばんこでやっていこう。一度動いたら、相手がお返しに動くまで待とう。交渉を順調に進めるうえで「相互利益の原理」は頼りになる道案内となる

金も人間関係も大事

人間は、複雑で予測しがたい生き物だ。だから、たとえ安定した関係を築いている相手との交渉であっても、そのたびごとに信頼関係を確固たるものにするよう全力で取り組まなくてはなら

ない。相手との関係には、交渉の準備段階から常に気を配るべきだ。では、信頼関係を築くことの難しさと大切さを教えてくれる例を紹介しよう。

ある日のこと、私のかつての教え子バリーが、アドバイスを求めて電話してきた。バリーは当時35歳で、父親がオハイオ州に創業した規模２５００万ドルという化学会社の社長兼ＣＯＯ（最高執行責任者）を務めていた。バリーは、上昇志向の強いエネルギッシュな人物で、彼の指揮のもと、会社は順調に成長していた。

スイスの大企業からジョイントベンチャーの話をもちかけられているので、交渉の相談にのってほしい——そうバリーは言ってきた。先方は、バリーの会社が開発したある物質の製法を活用して画期的な新製品を作り、世界規模で販売したいと希望していた。この契約がまとまれば、すぐにでも1億ドル以上の利益があがることは確実と思われた。

取引がうまくいくことを熱望するバリーだったが、いま一つ交渉をうまく進められないでいた。特に気にしていたのが、製法の使用料についてこちらから額を提示すべきか、相手が口火を切るのを待つべきなのかということだった。

先方とやり取りした手紙のコピーや会議のメモなどの資料を送ってもらったうえで、私は、バリーと長時間にわたるディスカッションを数回行なった。条件や価格などいろいろなポイントがあったが、私の見る限り、この交渉における最大のカギは、人間関係だった。

相手側の窓口となっていたのは、年齢はバリーより少し上の、カールという重役だった。2人はこれまで全く面識がなかった。2人の間に交わされた手紙や会議の議事録を検証したところ、カールの文章や発言からは「一緒にいいものを作っていこう」という前向きの姿勢が随所に感じられた。ところが、対照的にバリーの返事には、強いライバル意識と守りの姿勢が感じられ、裁判沙汰になった場合のことや相手がこちらの技術を盗むリスクといったネガティブな面ばかりが言及されていた。かつて教えた経験からバリーが、「競争志向」の人間であることは知っていたが、彼はまさにそのタイプにありがちな言動をとっていた。

そのうえバリーのメモからは、会議を繰り返しても、契約の細かい点についてなかなかカールの言質を取れないことにいらだっている様子が見て取れた。バリーは、カールが秘密主義だと感じ、何か隠し事があるのではないかと疑っていた。

たしかに、スイス側が何かを隠している可能性はあった。だが、バリーのように「競争志向」の強いタイプは、相手をありのままに受け入れることがなかなかできないのも事実だ。慎重になるのは大切だが、人はときに外見どおりということもある。

そこで、交渉を離れた場でのカールの発言や行動について、バリーから詳しく話を聞くことにした。その結果、カールは純粋な「問題解決型」の人間であり、相手が心を開きさえすれば、公正かつクリエイティブに交渉を進めることのできるタイプだと判断するに至った。私は、バリーにこうアドバイスした。肩の力を抜いてごらん。カールを頭から疑ってかかるのではなく、これから親友になれるかもしれない人物として接してみたらどうかな……。

バリーは、交渉がなかなか具体的な話に入らないことにいらだっていた。だが私の見るところ、それはカールがこれからの長い付き合いを考え、バリーとの関係の土台を固める必要があると考えている証拠ではないかと思われた。現在進行中の取引にばかり気をとられていたバリーは、相手から送られていた多くの好意的なシグナルを見落としていたのだ。

こうして、問題の1つは明らかになった。しかし、交渉成立までには、もっと重要な人間関係の問題を片づけなくてはならなかった。私は、バリーのふとした発言がきっかけで、CEOであり大株主でもある彼の父親の存在が大きな影を落としていることに気づいた。

父親についてバリーに尋ねると、フラストレーションと不安があふれ出た。父親はすでに老齢に達していたが、今も会社の重要な問題にはにらみをきかせていた。同族企業にはよくある問題だった。

スイス企業との取引の話が出ると、父親は必ず話をはぐらかした。そして、交渉の焦点となっている技術についてあり得ないような大げさな期待をしてみせ、この技術は「私が死んだ後も母さんを十分に養ってやれる」だけの利益をもたらすだろうと言うのだった。つまり、バリーが進めている交渉が最善の道だとは必ずしも思っていないことをほのめかしていたわけだ。

父親のこの態度は大きな足かせだった。このままでは、たとえ相手側が好条件を出してきたとしても、社内での求心力低下を恐れる父親が反対して、話がご破算になるのは目に見えていた。バリーと私は、この点についてじっくり話し合い、父親の問題を片づけないかぎり、スイス企業との交渉がうまくいく可能性は低いという結論に達した。

一方で、父親が交渉について具体的な話をするのを避けていたように、バリーも社内で決定権を持つのは誰かという懸案事項に関して、父親との正面対決を避けてきたことがわかった。家族でビジネスをしている場合、血のつながりがあることは大きな力になると同時に最悪の結果を招く場合もある。バリーの家族は強い家長性を敷くことで、問題が爆発するリスクをできるだけ抑えるという回避のメカニズムを巧みに築き上げていたのだった。

それから一カ月ほど経つと、交渉は前向きに動き始めた。バリーはヨーロッパに行き、カールと共に数日間を過ごした。この間、バリーは交渉のことは二の次にして、カールとの人間関係の土台作りに気を配った。すると滞在も終わりに近づいた頃、バリーの会社の技術にいくら払うつもりがあるかについて、夕食の席でカールが気軽に口にした。これにはバリーも驚いた。その後、話し合いを経て、両者は価格面での最終的な詰めに入った。正式な提示額は、バリーが考えていたよりもずっと高いものだった。

父親の件に関しては、信頼できるファイナンシャル・アドバイザーを交えて家族間で話し合いをもった。バリーは、権限の問題を先延ばしにしてきたことについて、父親と同様に自分にも責任があると気づき、問題にきちんと取り組む決意を固めた。母親からも、「現状のままではいけない」という同意を内々に得た。これはバリーにとって大きな力となった。

振り返ってみると、バリーが抱えていた問題の本質は、交渉相手および自分の家族との人間関係だった。金銭的な条件だけでなく「人」の問題にも十分に気を配るようになって、バリーの交渉能力は本当の意味で伸び始めた。どんな交渉においても、このことは変わらない。

友人が相手だとやりにくい？

個人的な友人関係と仕事上の関係との区別をつけるのは難しい。友人を相手に交渉する場合、そのことが交渉の進展に大きな影響を及ぼすことがある。

投資銀行のトップにインタビューをした時のことだ。相手は、銀行に入る前は起業家として活躍していて、何千件もの交渉を経験してきた人物だった。私は彼に、交渉において最も困るのはどういう時かと尋ねた。

すると彼は、一瞬考えた後にこう答えた。「交渉の場に出向いたら、テーブルの向こう側に座っているのが友達だった時ですね」

私はびっくりして問い返した。「どうしてですか。お互いに気心が知れていて、やりやすいんじゃないですか」

「クライアントのためにできるだけの金をとってくるのが私の仕事です。交渉相手が友達では、他のこと、つまり友情が気になってしまいます。友達を失うのではないかと心配しながら、仕事をするのは難しいものです」

彼の感覚が正しいことは、研究結果からも明らかになっている。交渉している当事者同士の個人的なつながりが強いほど、対立を最小限に抑え、互いの要求のほぼ中間で手を打とうとする傾向が強くなるという。

こんな実験がある。同じ中古品についての売買交渉を、交際中のカップル74組と、見知らぬ男女のペア32組にやってもらった。すると、カップルの方がずっと「ソフトな」交渉スタイルを取るという結果が出た。カップルは互いに目標設定が低めで、譲歩する度合いは大きく、相手とあまり議論をせず、自分の手の内を明かす傾向も強かった。つまり、見知らぬ同士よりも相手のことを気遣い、単純でストレートな妥協をして合意に達していたのである。

だが、あまりにソフトな交渉スタイルでは失うものもある。見知らぬ同士に比べると、カップルの間では、互いに得るところの大きいゴールを目指して奥の深い交渉をするというケースが少なかった。仲が良すぎると、あらゆる点について単純に中間を取ろうとし、「問題解決型」の交渉スタイルを取りにくい。交渉がやりづらく、成果もあがらないのはそのせいだ。

友人同士が交渉する場合も、互いにソフトな姿勢で臨みがちなことが、次のような実験から判明している。被験者には、中古のテレビやコンサートのチケットについて売買交渉を行なってもらう。それぞれの品についてはあらかじめ相場（たとえばコンサートのチケットなら10ドルから26ドル）を伝え、友人に売る場合と見知らぬ他人に売る場合とに分けて、被験者自身に価格設定をしてもらい、交渉してもらうのである。

結果は予想どおりだった。やはり、人間関係が交渉に大きな影響を与えていたのである。友人に売る時の希望価格は相場の価格帯の中間よりも安めというケースが多く（コンサートのチケットなら平均15ドル50セント）、友人から買う場合の希望価格はだいたい中間（17ドル50セント）だった。それが見知らぬ人との交渉になると、希望の売り値は非常に高く（24ドル）、希望の買い値は非常に低い（14ドル）結果となった。

このように、交渉における物事の分け方を決める時は、相手との人間関係が影響してくる。相手と親しければ「平等」や「均等割り」にしがちだが、見知らぬ他人同士だと競争意識が出やすくなり、自分の利益をより追求しようとする。

では、友人と見知らぬ他人との中間に位置する人間関係、つまりビジネスで日常的につながりのある関係はどう影響するのだろうか。仕事上の関係は、ある程度の信頼と「相互利益の原理」、そして互いが最高の利益を追求するという認識のうえに結ばれている。さらに言えば、好き嫌いを超え、相対的に高い利害関係をめぐって明らかな対立があっても維持できる関係である。

仕事相手との関係をどう深めていくか

仕事相手との信頼関係を築く方法を、以下に3つ考えてみた。ただし、これらはあなたの行動に誠実さがあってこそ生きてくるものだ。人は、相手が自分を操ろうとしていると感じると好意的な反応は返してくれないものである。

「同類」だと思わせる

人間は、どちらかといえば自分と共通点がある相手を信用するものだ。自分と似た行動をとる人、関心事や過去の経験が共通する人、自分と同じグループに属する人に心動かされるのである。「ポイント3」で紹介したガンジーのエピソードでは、法的には1等車両には乗れないはずの彼に、駅長は1等の切符を売ってくれた。ガンジーは、その駅長と何ら個人的なつながりはなかった。だが、完璧なイギリス紳士の格好で現れ、「同類」の匂いを漂わせることで、駅長を味方に取り込むことに成功したのである。

こうした「同類項の原理」は、外見や所属先だけでなく、コミュニケーションのとり方が似ているといった交渉スタイルに関しても効果を発揮する。カールとの関係を良いものに変えるため、バリーはカールのような協力的なアプローチを自分も採用することにした。契約の良い面を強調し、契約によって互いがどんな利益を得られるかを話し合おうと努力したのである。バリーが「競争志向」から「協力志向」へと変わるにつれ、交渉は前向きに進展し始めたのだった。

贈り物で気持ちを表す

もう1つ、「好意のしるし」を贈るという手がある。贈り物は古くから人間のコミュニケーションの手段として利用されてきた。

経営危機を迎えたＨＢＪのジョバノビッチは、合併交渉にあたりジェネラル・シネマのディック・スミスに腕時計を贈った。ジョバノビッチは、さらにもっと大きな「贈り物」をしている。ジェネラル・シネマに買収されるのが一番だと考えていると、交渉の最初にスミスに告げたことだ。核心の情報を相手に告げるという思い切った行動に出たわけだが、そうしたからこそ交渉が順調に進んだともいえる。

土地をめぐるアルーシャの人々の交渉は、大げさな要求と非難合戦から始まった。だが結局は、小さなヤギと酒という贈り物を交換することで収まった。

どちらの例でも、贈り物は信頼関係の構築に大きな役割を果たしている。腕時計は、初対面だった2人の間に交流を生むきっかけとなり、ヤギと酒は長い付き合いの隣人同士の関係を修復する助けとなった。

行動経済学の分野では、贈り物をする——特にそれまで関係のなかった人に贈る——ことは、これから良好な人間関係を築いていきたいという意思の表れだと考えられている。プレゼント、親切、相手への心遣いは、人と人との親しい関係を築き、維持する役割がある。交渉における人間関係は、個人的な付き合いとは性質が異なるが、それでも贈り物のもつ象徴的な意味は大きい。

「コネ」を頼る

最後に、人脈を使うというのも良い方法だ。共通の知り合いがいるというだけで互いをぐっと身近に感じ、最低限の信頼関係が生まれることがある。こちらが信頼に値する人間だということを保証してくれる人が相手の知り合いだったなら、相手の安心感はぐっと強まるはずだ。

「コネ」を通じて何かを成し遂げることを軽蔑したり、悪いことをしているかのように考えたりする人もいる。だが、「コネ」に力があることは事実だ。大学の同窓生、近所付き合いの輪、子供を通じての知り合い——私達は、実際にたくさんの人脈を持っているし、それらを「コネ」として活用しているのである。

人間関係の落とし穴に注意

　これまで見てきたように、人間関係は、交渉の成否を握る重要なカギである。だが、それだけに落とし穴となることもある。ことに、誠実な常識人は、たちの悪い相手が仕掛けてくる罠にはまってしまう危険がある。以下に、よくある罠を紹介するので自衛のために参考にしてほしい。

人のよさにつけ込んで契約を急がせる

「協力志向」の人は、他人も自分と同じように誠実でフェアだと考えがちだ。こういう人は、欲深いとか疑い深いと思われたくないために、相手に促されるまま、さして疑問も挟まずにさっさと交渉を進めてしまうことが多い。

　しかし、急ぐことのリスクは大きい。相手が条件を確約していないのに、こちらにだけ相当の金額を先払いしてほしいとか行動に出てほしいと求めてくる時は要注意だ。

　急がされても、焦らず、段階を踏んで信頼関係を築いていこう。相手が信用できるかどうかを確かめるのに「コネ」を使うのもいいだろう。それができない場合は、大きなことを決める前に小さなことで試してみよう。こちらの見せた好意に対して、信頼関係に基づいてでなくてはできないようなお返しをしてくれるかどうか、様子を見るのである。その結果を見てから次の行動を起こしても遅くはない。

不当なお返しを要求する

「相互利益の原理」を悪用し、善意の人に不必要な義務感を負わせようとする罠もある。街角で、花を一輪手渡して寄付を求めてくる人に出会ったことはないだろうか。こちらが花を返そうとしても、彼らは決して受け取らない。そうすると、腹が立つと同時に寄付をしないと悪いような気がしてくるものだ。これは「相互利益の原理」を悪用し、花一輪の代金よりもずっと高い金を巻き上げようという巧妙な手口にほかならない。

交渉の場でもそういう手口が見られる。ちょっとした譲歩をするかわりに、ずっと大きなお返しを求めてくる人がいる。あるいは、自分の情報をちらりとだけ見せておいて、予算や原価など相手の情報すべてを引き出そうとする人もいる。こういう人には要注意だ。

人間には、「相互利益の原理」が非常に強く刷り込まれているため、相手がしてくれたことの内容よりも「相手が何かをしてくれた」という事実の方が大きな心理的負担となるものだ。相手がこちらにプラスになることをした時点で、「何かお返しをしなくては」というプレッシャーがかかり、相手が見返りとして要求している内容がもっともなものなのか法外なことなのかの判断を下す余裕もないまま、相手の言いなりになってしまいそうになる。

しかし、どんなにいいことをしてもらっても、「何かおかしい」という警報ブザーが鳴った時にはひと息入れて、これまでの交渉の経緯を振り返ってみる必要がある。あなたは本当に相手に借りがあるのだろうか。実は、そう思わされているだけではないのだろうか。まずは冷静に考えることだ。

親しい人との間で利害関係の大きい交渉を行なう時

前述したように、利害関係が大きい交渉の相手が友人や交際相手だと、レベルの高い交渉はできない。非常に親しい関係の間では、問題を解決するのに「均等割り」の原理に頼る傾向があるからだ。１００ドルを分ける「究極のゲーム」をすれば、何回やっても50ドルずつ分け合うことになるだろう。親しい人との間でお金の絡む話をすること自体が嫌だという人もいるかもしれない。金額が大きければ、誘惑にかられて友情が壊れる危険もある。

そこで、利害関係の大きい交渉を親しい人と行なう時は、単に「フィフティ・フィフティ」で分けるのではなく、「つぎ込んだ金額の大きさ」や「負ったリスクの大きさ」などの事情を勘案したうえで、公平な分け方を心がけることをおすすめしたい。たとえ善意からでも、常に機械的な均等割りをしていては、もっと利益を得るチャンスがあるのにみすみす逃すことにもなりかねない。

人間関係にとらわれないためには、実際の交渉をプロに任せるのも一つの賢明な選択だ。「そんなことは他人行儀で嫌だ」というのなら、双方に信頼されている人物を仲裁役として立てて交渉するのもいい。中立の立場の人がいると、当人同士の人間関係を壊すことなく存分に交渉ができる。

ポイント4　これで王手！

交渉を成功させるうえで、人間関係は大きなカギとなる。以下に注意点をまとめたので参考にしてほしい。

人間関係をうまく活用するためのヒント

●相手と接触したり相手の信頼を得たりするために、人脈を活用しよう
●仕事相手とよい関係を築くには、贈り物をする、好意を示す、情報を提供する、譲歩するといった小さなステップを使おう
●次の3つに気をつけよう
相手を簡単に信じてしまう

一方的に罪悪感を抱かされる
親しい友人を相手に大きな利害の絡む交渉をする

●次の3つのルールをいつも守ろう
信頼に足る人であろう
フェアに接する人に対しては、自分もフェアであろう
アンフェアなことをされたら、相手にはっきり抗議しよう

ポイント5　相手の真の望みを突き止めよう

成功の秘訣というものが一つあるとするなら、それは、自分の立場だけでなく相手の立場に立って物事を考えられる能力を身に付けることである

ヘンリー・フォード

「できるネゴシエーター」にはとても重要な特徴がある。それは、交渉相手の視点に立って物事を見られる能力だ。交渉を成功させるにはまず、相手にとっての利益とは何かを考えなければならない。次に、相手が「ノー」というのはどんな場合かを考え、拒絶される原因となりそうな障害物をできるかぎり取り除くことが必要だ。相手が真に望むものを理解することは、交渉術の基本中の基本である。だが、これが一筋縄ではいかない。

かつて私は、外国の製薬会社と共同で新薬の臨床試験を行なっていたアメリカの病院から相談を受けたことがある。試験の結果は、食品・薬品局（ＦＤＡ）に新薬の認可を申請する際の基礎データになるはずだった。

ところが、製薬会社は臨床試験のやり方について、ＦＤＡの勧告を無視していた。被験者に対して薬の投与前にきちんとした説明をしてから承諾を得たことを示す書類について、ＦＤＡ

は所定のものを使用するよう求めていたのだが、製薬会社は「独自の書式を使う」と強硬だった。これはプロジェクト全体を根底から揺るがす問題だった。勧告どおりの書類を使わなければ、ＦＤＡは治験結果を認めない可能性があったからだ。

困ったのは病院側だった。これは病院と製薬会社との共同プロジェクトであり、頓挫すれば病院側にも大きな被害が出ることになる。認可が下りなければ、双方とも金銭的な打撃を受けるだけでなく、プロとしての肩書きに傷がつくことも目に見えていた。交渉は暗礁に乗り上げていた。

そこで私は病院に、製薬会社側の誰が「ノー」と言っているのか、具体的なキーマンを突き止めるよう助言した。調査の結果、外国で研鑽を積み、アメリカでの経験は全くない医者がキーマンであることがわかった。では、彼はなぜ「ノー」と言うのか。その理由を調べてもらうことにした。

すると突然、何もかもが見え始めた。第一に、問題の医者は、自国のＦＤＡにあたる機関にしか新薬の認可を申請したことがなく、これまでの申請で書式を理由に却下された経験はなかった。第二に、病院側の交渉窓口が医者ではなく事務担当者だったので、問題の医者は、相手をプロとして信用していなかった。第三に、病院側の見るところでは、製薬会社は（少なくとも問題の医者は）自分達の書式でないと被験者の承諾が得られないと思っていた。被験者を集められるかどうかは、新薬開発を左右する大きな要因である。つまり、双方の利害が対立していたわけではなかったのだ。

これらの事実を踏まえて、私は、次のような解決法を病院側に提案した。信頼できる人物（できれば問題の医者と同じ国の医者で、アメリカでの新薬認可プロセスに詳しい人）を立て、ＦＤＡの勧告に従うよう問題の医者を説得してもらうのである。病院側がこのアイデアを実行した結果、事態はやっと前向きに動き始めたのだった。

相手の立場に立つのが難しいのはなぜか

かつてアメリカでも屈指の急成長を遂げた銀行のあるＣＥＯは、交渉における最も良い準備方法を次のように説明している。「自分の目的やニーズだけを見るのではなく、相手にとって意味のあるものは何かをできるだけ探ることが大事だ。相手が重視しているものは常に金とは限らない」

「できるネゴシエーター」でさえも、相手の立場に立って物事を考える能力は、交渉の成否を左右する最も重要な要素であり、最も身に付けるのが難しい能力であるという。相手の立場に立つことが難しい理由は３つある。

一つには、人間である以上、誰もが自分の利害関係を第一に考えるからだ。社会保障制度改革に賛成する人なら、現行制度に抜け穴があるという話ばかりが耳に入ってくる。反対する人なら、制度が変わればホームレスへのケアはもっとひどくなるという話ばかりが耳に入ってくる。

交渉の専門家は、この傾向を「党派的理解」と表現する。冒頭で紹介した新薬をめぐる問題は、まさに党派的理解が大きなネックになっていた。病院側は自分達が「正しく」て、製薬会社側が「間違っている」と思っていた。だが、病院側が相手側の考えを理解しようと努力を始めたとたん、交渉は前進した。どんな交渉においても、双方が相手を理解しようと努力することは大きな力となる。

相手の立場に立つのが難しい理由の二つ目としては、どんなに協力的な人でも交渉においてはある程度「競争志向」になることが挙げられる。交渉では互いのニーズがぶつかり合うのが普通だ。だから、私達は、つい自分の利益ばかりを考えがちだし、交渉の場での相手の言動も自分の論理で理解してしまう。

新薬をめぐる問題では、病院側は利害関係の衝突があるから交渉が難航しているのだと思い込んでいた。しかし、「相手がなぜノーと言うのか」を先入観なしに考え直した時、初めて真の問題が見えてきたのである。

交渉の専門家マックス・ベイザーマンによれば、人間は交渉において、相手と競い合う面にのみ意識が向きがちであるという。たしかに、私たちは交渉を「決まった大きさのパイを分ける」

ものだと考えがちだ。だが、双方の共通点や対立しない利益を探ることによって、パイ自体を大きくできるケースもある。「ポイント１」で紹介した、椅子の後ろに相手を立たせるゲームがいい例だ。１０００ドルを二人で分け合うという安易な妥協案もあるが、双方が素早く行動を起こせば、１０００ドルずつ手にできることになる。この解決策に気づけば、双方の利益が拡大する。

相手の立場に立つのが難しい理由の三つ目としては、交渉プロセスの力学の問題がある。いったん議論が始まってしまうと、互いに共通する利益を探すのとは逆方向に話が進んでしまいがちだ。その原因のほとんどは、当事者がはったりをかけ合ったり、望んでいるものを手に入れかけているのに譲歩しているふりをしたりすることにある。そのうえ、真の望みや動機を明らかにしない場合もあるから、事態は余計ややこしくなる。

例えば、新薬をめぐる問題では、製薬会社側のキーマンである医者が、病院側の事務担当者に向かって、「医者でもなく専門知識もない君の言うことなど聞けるか」と明言することはまず考えられない。したがって、医者の思いに気づくには病院側が想像力を働かせる必要があった。だが、この最後のプロセスまではなかなか踏み込めない場合が多いのである。

こうした障害があるため、交渉において相手の立場にことはなかなか実行しにくい。しかし、ときに相当の苦労をしてでも、相手と共通する利益を探すことに意味はある。それが交渉の成否を握る重要なカギだからだ。

準備段階で考えるべき4つのポイント

「ポイント1」で紹介した、ラッカムとカーライルの研究を思い出してほしい。イギリスのある会社の労使交渉に携わる労使双方の担当者49人について、実際の交渉の場における言動を準備段階から成立時まで追跡調査したものである。2人の研究からは、次の結論を引き出すことができる。「できるネゴシエーター」ほど、交渉の準備段階では互いの利害の共通点を探ることに力を入れ、交渉成立に向けて実行可能な複数の提示案を用意するということだ。

研究対象となったネゴシエーター達は、優秀な人も平均的な人も、パイを大きくすることよりも自分達の目標達成の仕方や相手とぶつかりそうな問題についての事前調査に、より多くの労力を費やしていた点は同じだった。だが、優秀な人は、準備時間の40%を、相手と利益が共通する点——少なくとも対立しない点——を探ることに費やしていた。一方、平均的な人は、10%の時間を費やしたにすぎず、残り90%は、相手との対立が予想される点についての攻撃策や防御策の検討に使っていた。

さらに、優秀な人は、相手との共通点を見出すことに力を注ぐため、交渉成立に向けての具体的なプランを平均的な人の約2倍も準備していたことがわかった。また、相手が提示してくるだろう選択肢を予測することにも、より熱心だった。

優秀な人と平均的な人に共通していたのは学歴のレベルである。どちらも、ビジネススクールやロースクールで学んだような高学歴の人は少なかった。つまり、「できるネゴシエーター」になれるかどうかは学歴とは無関係なのである。ものを言うのは経験であり、判断力であり、想像力だ。自分の目標を達成することばかりでなく、何が相手の利益になるかを正確につかめる人ほど、交渉で高い成果を挙げている。

では具体的にどうすれば、相手の視点で物事が考えられるのだろうか。相手の望みが見えたら、それを自分の目標を達成するためのポジティブな力として使っていくにはどうすればいいのだろうか。打つべき手は次の４つだ。

①キーマンが誰かを見極める
②相手のメリットを考える
③なぜ、どこが「ノー」と言われるのかを考える
④「ノー」を「イエス」に変える低コストの解決策を考える

①キーマンが誰かを見極める

相手側のニーズを見極めるためにはまず、意思決定権を握っている人物、つまりキーマンを探すことだ。会社や組織にはさまざまな方針や目標や関係があるが、結局、交渉とは人である。キ

ーマンのニーズ（地位や自尊心や自己実現欲などを含めた必要性）が交渉を動かすのである。相手側のキーマンが誰であるかもわからないまま交渉を始めてしまう人は多い。注意してほしい。

例をあげて話をしよう。ビジネススクールに入学してくる学生達のゴールは「卒業後にいい仕事に就く」ことだ。卒業が近づくと企業の面接で各地を飛び回り、春には内定をもらう。内定の出る時期になると、毎年多くの学生達が私のところにやってくる。給料やボーナスなどの点についてどう交渉していけばいいのか、アドバイスしてくれというのだ。

そんな時、私はまずこう問いかける。「君の交渉相手は誰だい？」

一般に、学生達が交渉している相手は人事部の採用担当者だ。だが、採用担当者は採用の決定権を持っていない場合が多い。そこで私は尋ねる。「採用担当者ではなくて、もっと高い地位にいて意思決定権を持つ人で、君を知っていて、君を採りたいと思っている人はいないのかい？」

交渉においては自らがイニシアチブをとり、誰と交渉すればいいかを自分で選ぶ必要がある。

ある男子学生の話をしよう。彼は、これまでＭＢＡの学生を採用した経験のない南米の企業から内定を取りつけていた。しかも、会社が授業料のローン全額を肩代わりしてくれるという破格の条件付きである。

彼のとった作戦は、起業家である社長本人に空港のラウンジで直接アタックするというものだった。社長も学生時代に授業料のローン返済で苦しんだことを調べていた彼は、会社にローンを肩代わりしてもらえれば会社への忠誠心がどんなにわくだろうかと訴えた。入念な準備をしたうえで、最高の意思決定者に直接アプローチしたことと、相手の経験や価値観に沿ったアピールをしたことが、彼に勝利をもたらしたのだった。

②相手のメリットを考える

相手側のキーマンを見定めたら、その人物のニーズは何か、何を重要視しているかを慎重に考えよう。相手とこちらの利害関係に、共通する点はあるだろうか。どのような場合に、こちらの目標を達成することが相手にとっても好ましい選択となるだろうか。

相手のニーズを探るのにうってつけの手法が、「ロール・リバーサル（役割転換）」だ。例えば、あなたが昇進を求めて上司との交渉を考えているとしよう。ロール・リバーサルでは、あなたが上司の役割を演じ、友人や家族にあなたの役割を演じてもらって実際に交渉をしてみる。上司の立場で「この人の求める昇進をＯＫしたら、私にはどんなメリットがあるだろう」と考えるのである。

模擬交渉が決着したら、上司としてはあなたを昇進させる意義がどこにあるかを書き出し、それについて同僚にどう思うか相談してみよう。こうして、本当の上司がどう考えるかを探っていけばいい。たいていの場合、交渉する両者の間には何かしら利害の共通する部分があるものだ。

そこを土台に論旨を組み立てていけば、きっと道が開ける。

企業と消費者の関係で考えてみよう。一般に、企業と消費者とでは「価格」の点で利害が対立するように思える。消費者は少しでも安く買いたいし、企業は少しでも高く売りたいというわけだ。たしかにそのとおりだが、それがすべてというわけではない。

多くの企業は「より高い価格で売る」ことにも増して「消費者に満足してもらう」ことを重視している。ここが、消費者と企業の利害が一致するポイントである。利害の一致する点を利用すれば、消費者は企業からさまざまな恩恵を引き出すことができる。

私の教え子が、面白い実験をしたことがある。彼は予約購読していたすべての雑誌の「お客様専用番号」に電話をかけ、料金の割引を求めた。ただし、「割り引かなければ購読をやめる」といった脅しは一切使わず、他の顧客に適用している最大幅の割引率を自分にも適用してくれるように頼んだだけである。電話口に出た相手では話がつかず上司が出てきたケースもあったが、結局、すべての雑誌が割引をしてくれた。企業側は彼を「顧客として満足させておく」ことを望んだのである。

このエピソードからわかることが2つある。1つは、少なくともアメリカでは価格には2種類があるらしいということだ。交渉が嫌ですぐに妥協してしまう単純な顧客向けの正規価格と、値引き交渉を厭わない手ごわい顧客用の割引価格である。あなたはどちらのタイプの顧客だろうか。

もう一つは、多くの企業にとって「顧客の満足」とは、顧客との対立点ではなく利害の共通点であるはずなのに、顧客はそこに気づいていないせいで、手に入れられるはずの「満足」を取り逃がしてしまっているかもしれないということだ。「顧客の満足」をポイントに交渉しようとする時は、攻撃的な態度をとる必要はない。礼儀正しく「○○してもらえれば嬉しいのですが」と言ってみよう。利害の共通点は、相手との対立を乗り越える助けになる潤滑剤である。ただし、それがどこにあるかは、こちらから尋ねてみて初めてわかることだ。どんな交渉にも必ず存在する相手との利害の共通点を見つけ、そこを土台に主張を組み立てていけば、必ず成功が見えてくる。

③なぜ、どこが「ノー」と言われるのかを考える

相手から「ノー」と言われても動じないためには、相手がこちらの提案に難色を示したり拒絶の姿勢を見せたりする原因となりそうな利害関係の対立点を押さえておくことが重要だ。もちろん、交渉の進め方としては、利害関係の共通点を前面に押し出すべきだが、相手の拒絶にあったり問題が生じたりすることも予測して、建設的に対応できるように準備をしておかなくてはならない。

まずは、準備段階でロール・リバーサルをしてみよう。そして、相手がこちらの提案に「ノ

ー」と言うとしたら、何が原因なのかをじっくり考えることだ。得られた答えは、交渉が行き詰まった時に、きっと突破口を開くヒントになってくれるはずだ。

「ノー」と言われる理由として最もわかりやすいのは、利害関係が直接ぶつかるポイントでの意見のすれ違いである。売り値があまりに高すぎるとか、買い値があまりに低すぎる場合だ。このような事態の発生は十分に予想できることなので、相場を持ち出すとか、人脈を利用して味方を増やすなどの対応を考えておく必要がある。

しかし、多くの場合、「ノー」と言われる原因は、こちらが全く予想もしていなかったり気にもとめていなかったりするようなことである。単純な額の問題ではなく、交渉に関わっている人の自尊心や地位、金銭以外のニーズなどに端を発するものだ。そんな時は、とにかく理由を突き止めよう。そうすれば問題解決に向かって動き出すことができる。

ファースト・ユニオン銀行が、コアステーツ・ファイナンシャルを、160億ドルを超える額で買収した時の話をしよう。アメリカの銀行同士では、史上最大規模の合併交渉が最終段階にさしかかった時、ファースト・ユニオンのエド・クラッチフィールドが金額面で大幅に歩み寄ったにもかかわらず、コアステーツ・ファイナンシャルのCEO、テリー・ラーセンはためらいを見せていた。

原因は、金ではなかった。ラーセンは、コアステーツの地元ペンシルベニア、ニュージャージー、デラウエア各州で、個人としても企業としても数多くの慈善事業に関わっていた。だが、ファースト・ユニオンの地元はノースカロライナ州だ。合併後、ファースト・ユニオンは、もうかつての地元3州での慈善事業に取り組むつもりはないのではないか。そうなれば地元での評判は落ち、自分は「故郷を売った男」と非難されるのではないか……。ラーセンはそこを懸念していたのである。

両者は、慈善事業に関しては異なる見解を持っていたが、社会的意義のあることに、企業として力を貸す点についてはどちらも賛成の立場だった。ラーセンの懸念を知ったクラッチフィールドは、1億ドル規模の独立した地域基金を設立してラーセンに管理してもらうことを提案した。また、合併後はその基金から、コアステーツの地元3州の慈善事業に対して寄付を行なうことになった。

1億ドルの「追加出費」は、買収価格160億ドルに比べればわずかな額だ。だがそれは、暗礁に乗り上げかけた交渉を救う大きなカギとなった。基金の話が出てから、ラーセンは合併に積極的になり、契約は無事成立したのである。

④「ノー」を「イエス」に変える低コストの解決策を考える

相手の「ノー」の理由がわかったら、クラッチフィールドの例にならって、相手の懸念をなくすと同時に、こちらの目標を達成するうえでも助けになる低コストの解決策はないか、考えてみよう。その際に注意してほしいのだが、人間には、相手が「ノー」と言うのは自分と同じもの（金や権力やリスクの軽減など）を求めているからだと考える傾向がある。だが、「できるネゴシエーター」は安易にそうは考えない。自分が求めているのとは違う部分で、相手と利害の一致する点がないかを探る。

そんな「できるネゴシエーター」の1人が、ケリー・サーバーだ。アリゾナを本拠とするごみ処理会社の代表として、カリフォルニア州オーシャンサイド市からごみ収集業者の指名を得た人物である。

指名をめぐっては業者間で激しい競争になり、入札になれば勝てるかどうかわからない状況だった。サーバーが、市に提示したごみ処理価格は1トンにつき43ドルだ。競争相手よりも5ドルも高い。それなのに、なぜ勝てたのだろうか。

サーバーは、自分が熱心なサーファーだけあって、オーシャンサイド市の観光源であり、不動産の価値の源であるビーチが、徐々にではあるが確実に侵食されていることに気付いていた。サーバーの会社は、ごみをアリゾナ砂漠に廃棄している。そこで、サーバーは市に対し、指名してくれるならごみを収集するだけでなく、トラックにアリゾナのきれいな砂を積んできてビーチにまくと約束した。市が「問題は価格」と考えていたところへ、サーバーは、市のビーチと観光客の問題も考えていることをアピールし、高値で交渉を成立させたわけだ。

相手にとって何が利益かを突き止められれば、相手に提案すべきことも明確に見えてくる。こちらが手にしているものに対する相手の欲求が強く、こちらが交渉を蹴った時の相手の痛手が大きいほど、良い条件で交渉を成立させられる優位性を握っていることになる。

ポイント5　これで王手！

交渉相手が、何を重視しているかを見きわめるのは簡単そうに思えるが、私達人間の基本的な傾向からして、実はこれが意外に厄介だ。たいていの人は、相手のニーズが自分のニーズと対立すると思いがちである。自分の立場でしか問題を考えられず、相手には相手の考えがあることを忘れてしまう。だが「できるネゴシエーター」は、相手を動かしているものが何かについて常に好奇心を持って観察し、解明していく。

相手がこちらの提案に同意するきっかけとなるような、利害の共通点を探そう。相手が「ノー」と言うとしたらどんな場合かを考えよう。まず、利害の一致する部分から話を進め、対立する点に関しては、できるだけ低コストで譲歩できることはないか、一つ一つ検証してみよう。そうやって交渉を進めていくことこそが、どうしても譲れない本質的な対立点にまで到達した時に、たゆまず交渉を続けるための力となる。

相手の真の望みを見極めるためのヒント

●キーマンが誰かを見極めよう

●自分が目標を達成する過程で、相手にとってのメリットが出てこないか考えよう

●相手が「ノー」と言うとしたらなぜ、どこについてなのか予想しよう

●相手の「ノー」を「イエス」に変え、自分の目標達成にもプラスになるような低コストの解決策を考えよう

ポイント6　レバレッジを押さえて優位に立とう

相手が合意に達したがっている理由はすべて、私にとってのレバレッジとなる――その理由がわかっていればの話だが。

ボブ・ウルフ

ここまでくれば、交渉に臨むにあたって、だいぶ自信がついてきたのではないだろうか。しかし、一番重要なポイントがまだ残っている。最後に「レバレッジ」について考えてみよう。

レバレッジは、単に合意に達するために役立つだけでなく、自分の思いどおりの条件で合意に達するためのカギとなる要素である。「強み」とも言えるし「優位性」とも言える。

レバレッジを手にすれば、どんな人でも大きな成果を挙げることができるが、レバレッジなしで交渉を成功に導くことができるのは、非常にレベルの高い「できるネゴシエーター」に限られる。レバレッジがあるなら自信をもって交渉を進められるが、レバレッジがないなら手探りの不安な戦いを強いられることになってしまう。

一体、レバレッジとは具体的にどんなものなのだろうか。手始めに、わかりやすい3つの例を紹介しよう。

例1　需給バランスのシフト

1970年代の後半、アメリカのある大手航空会社は、大きな問題に直面していた。所有する機体の老朽化が進み、最新のジャンボジェットを購入する必要が出てきたのだ。だが、企業買収で巨額の負債を負ったばかりの同社に、航空機の購入に回せる資金は無かった。当時のアメリカの航空機業界は、ボーイングとマクドネル・ダグラスが事実上、市場を独占しており、どちらも負債を抱えたイースタンとビジネスをする気はなかった。

しかし、問題発生から数カ月後、イースタンのCEOフランク・ボーマンは、最新のジャンボジェット50機を約10億ドルで購入すると発表した。この逆転劇はどこから生まれたのだろうか。

イースタンに機体を販売したのは、世界第3位の航空機メーカーだったヨーロッパのエアバス・インダストリーだった。当時、エアバス社は、過去1年間で1機も販売できないという苦しい状態が続いており、なんとかアメリカ市場を開拓するべく計画を練っていた。顧客の目の肥えたアメリカでの販売実績が、他国での売上にも響いてくるからだ。

そこでボーマンが、機体の購入に興味を示した時、エアバス社は最大限の努力をして前例のないリース契約をまとめ上げた。契約にはアメリカの銀行1行とフランスの銀行2行、エアバス機のエンジン製造元であるジェネラル・エレクトリック、それに加えてエアバス社から、イースタンが資金を借りるという条項が含まれていた。つまり、エアバス社は、イースタンが必要としていた機体を供給しただけでなく、その購入費用まで用意してくれたのである。このリース契約の成功を受けて、ボーマンは、エアバス機の正式な購入契約を結ぶことになったのだった。

ボーマンは、自社が航空機を欲しがっている以上に、顧客を欲しがっていたメーカーを見つけることによって、機体をめでたく購入することができた。「ニーズのバランス」を自分に有利になるように動かすことで、強いレバレッジを手に入れたのである。

例2　相手のエゴによるレバレッジ（影響）

エンターテインメント・ビジネスの世界には、企業としてのビジネス・ニーズと同じくらい、個人のエゴのニーズがレバレッジとなることを証明する例がたくさん転がっている。

ヘアメイクから転身した映画プロデューサーのピーター・グーバーも、エゴのニーズをうまく利用した1人だ。グーバーは、まだ駆け出しのプロデューサーだった頃、破格の契約を成立させた。ニール・ボガートが所有していた業績好調なカサブランカ・レコードの株20%と、自分の手がける次回作（『ジョーズ』のB級版『ザ・ディープ』）の利益5%を交換するというものだ。

グーバーは、なぜこんなに有利な契約を結べたのだろうか。

ハリウッドに群がる人種の御多分にもれず、ボガートも「映画界の大物」になるのが夢だった。そんなボガートの思いに気づいたグーバーは、カサブランカの株式と引き換えに『ザ・ディープ』の製作にかかわらないかと話をもちかけた。ボガート個人のニーズがすべての原動力となって、グーバーに有利な契約が成立したのである。

後になって、この契約はグーバーに二重のメリットをもたらした。カサブランカ所属の人気歌手ドナ・サマーが、『ザ・ディープ』のテーマ曲を歌うことになったのである。カサブランカから発売された映画のサントラ盤は、200万枚を超える大ヒットとなった。

例3　競争圧力による活性化

テキサス州の公益企業ヒューストン・パワー&ライトニングは、発電所への石炭の輸送費としてバーリントン・ノーザン・サンタフェ鉄道に毎年1億9500万ドルを支払っていた。ヒューストン・パワーの資材部長ジャニー・ミッチャムは、鉄道会社の法外な料金設定とサービスの悪さにうんざりしていた。だが、ヒューストン・パワーは圧倒的に弱い立場だった。発電所へのアクセスは、鉄道ではバーリントン・ノーザンだけだったし、莫大な量の石炭を運ぶには鉄道以外の輸送手段は考えられなかったからだ。ミッチャムは、正当な料金設定を求め、これまでの両社の関係の深さにも訴えてバーリントン・ノーザンと交渉したが、全く相手にされなかった。

そこで、ミッチャムはあるアイデアを思いついた。発電所から16㎞離れた地点を走るユニオン・パシフィック鉄道（バーリントン・ノーザンのライバル会社）の線路まで、自分達で線路を引いてしまおうという計画だ。ミッチャムは、交渉の最後の手段として、この話を持ち出したのだが、それでもバーリントン・ノーザンは動じなかった。できるはずがないと思ったからだ。線路を引くとなると、２４００万ドルを超える資金が必要な巨大事業となる。ミッチャムの同僚達ですら、彼女のアイデアを「夢の線路」と呼んで本気にしていなかった。

だが、ミッチャムはあきらめなかった。上司からゴーサインをもらうと、計画を立案し、16㎞の線路の敷設に着手した。事業は難航した。バーリントン・ノーザンは、ミッチャムを訴えると同時に、線路を管理する当局に抗議した。ミッチャムは８５０万リットルもの土を取り除き、墓地や遺跡を迂回し、近隣の住民を説得しなくてはならなかった。

それでも努力の甲斐あって、線路は完成した。ユニオン・パシフィックは、バーリントン・ノーザンより25％安い価格で輸送を引き受けてくれた。その結果、年間１０００万ドルの経費が節減でき、近い将来には年間５０００万ドルまで節減できそうだという。

ユニオン・パシフィックの輸送に遅れが出た時に、一部をバーリントン・ノーザンに振り替えると、ユニオン・パシフィックの担当者があわてて飛んできてサービス向上を約束していった。

石炭輸送に競争の原理を持ち込んだことで、ヒューストン・パワーは、双方の鉄道会社に対してレバレッジを持つことになったのである。

3つの例が教えてくれること

「ポイント5」で説明したように、「できるネゴシエーター」は、交渉相手のニーズと利益を探ろうとする。はっきりしておかなくてはならないのは、そこには意図があるということだ。彼らは相手の問題を解決するために交渉しているのではない。自分の目標を達成するために交渉しているのだ。

交渉において、自分の目標を達成するためにいちばん頼りになるのは、「誰もが欲しがるが、その全容は、交渉の達人にしかはっきりとはつかめないもの」である。これがレバレッジだ。レバレッジは、当事者間のニーズのバランスから生じる。先に挙げた3つの例を使って、もう少し説明しよう。

まず、レバレッジの観点からいえば、経済的に大きなニーズを持っている側が普通は弱い立場になる。第1の例では、ボーイングやマクドネル・ダグラスとの関係においては、イースタンはレバレッジを持っていなかった。イースタンは航空機を欲しいのに、相手は十分な数の顧客を確保していた。ニーズの大きいイースタンの方が不利だったわけだ。

ところが、エアバス社が相手だと事情が違ってくる。エアバス社は、顧客をそれも特にアメリカの顧客を獲得したがっていた。つまり、エアバス社のニーズの方が、イースタンのニーズより大きかったのである。イースタンは、ニーズのバランスを考え、アメリカの従来のサプライヤー・ネットワークを飛び越えて国外に別のメーカーを探したことで、問題解決の糸口をつかんだ。

また、個人的なニーズは、企業のビジネス・ニーズと同じくらい意味があるものだ。第2の例では、グーバーは、ボガートの「映画界の大物になりたい」という個人的なニーズを見出し、それをレバレッジとして使ったことでビジネスでの成功に結び付けた。

最後に、レバレッジを強める一つの方法として、交渉と直接関係のないところで別の選択肢を開拓するという手がある。どんなに厳しい状況に思えても、別の選択肢は必ず存在するものだ。第3の例では、ニーズのバランスでいえば明らかに不利だったヒューストン・パワーが、ユニオン・パシフィックへのアクセスを可能にしたことで、双方の鉄道会社に対してレバレッジを持つことになった。

レバレッジはくるくる変わる

これほど大事なレバレッジであるが、その意味を正確に理解していない人や使いこなせずにいる人は多い。レバレッジは交渉において常に変わらない静的な要素ではなく流動的な要素であるということも、見落とされがちな点である。レバレッジは、刻々と変化していく可能性のあるものだ。

自分がどれだけレバレッジを理解しているかを知るには、どちらが勝つかわからないような厳しい交渉を例にとり、ひとつひとつの場面で「誰がどんなレバレッジを持っているか」、「レバレッジを手に入れたら次にどう動くべきか」を考えてみるといい。こうしたシミュレーションにおいて、レバレッジの動きをはっきりととらえられれば、実際の交渉の場でもレバレッジを自在に扱えるだろう。

では、レバレッジが刻々と変化する様子を見るために、非常に緊迫した交渉をシミュレーションしてみよう。武装集団による、人質をとっての立てこもり事件である。あまりに特異な例だと思われるかもしれないが、一方が事態を完璧に掌握していて相手の動きをすべて操れるように見える状況は、ビジネスをはじめ日常のさまざまな場面でもよくあることだ。

このエピソードでは、当初は手出しのしようがなかった警察側が、徐々に事態を掌握し始め、慎重に力関係をひっくり返していくプロセスに注目してほしい。警察側は、「相手が何を（明らかなものも目に見えていないものも含めて）望んでいるかについての情報」、「相手を追い詰めるパワー」、「相手が尊重する原理や価値観」という３つの要素から、起死回生のレバレッジを手に入れたのである。

人質解放交渉　ハナフィー派対警察

１９７７年3月、イスラム教ハナフィー派を名乗る12名の武装集団が、ワシントンＤＣにある３つのビルを占拠した。ラジオレポーター１名が殺害され、けが人が多数発生、１３４名が人質にとられた。占拠されたのはシティホール、ユダヤ人団体ブナイ・ブリスのアメリカ本部、マサチューセッツ・アベニューにあるイスラム・モスクと文化センターだった。

武装集団のリーダー、ハマース・アブダル・カーリスは、自身が残虐な犯罪のターゲットになったばかりだった。当時のイスラム系黒人グループで最大・最強の組織「エライジャ・ムハンマド・ネーション・オブ・イスラム」の差し向けた一派がカーリスの家に押し入り、彼の子供５人と同居していた女性7人を殺したのだ。この事件では「ネーション・オブ・イスラム」のメンバ１７人が殺害に関与したとして裁判にかけられ、うち５人が有罪となり服役した。だが、カーリスは満足しなかった。ビルを急襲した時、カーリスはこう叫んだという。「やつらは私の子供を殺し、女性達を殺した。今度はやつらが私の言うことを聞く番だ――さもないと頭をぶち抜くぞ！」

ワシントン警察は、3つのビルを封鎖し、FBI（連邦捜査局）も非常警戒態勢に入った。マスコミが押し寄せると、カーリスは3つの要求を発表した。1つ、全米の映画館においてアンソニー・クイン主演の映画『ザ・メッセージ』をすぐに上映中止にすること。2つ、カーリス家襲撃事件の裁判で、違法行為があったとして自分から徴収した罰金750ドルを返金すること。3つ、事件で有罪になった5人を自分に引き渡すこと。

武装集団は人質を盾にしつつ、自分達の信条のためなら死ぬ覚悟があると言い放った。

さて、ここで考えてみてほしい。あなたがFBIや警察のトップとして陣頭、指揮をとるべき立場にあったらどうするだろうか。人質の命を危険にさらしても、ビルを急襲して解放を目指すだろうか。それとも「ネーション・オブ・イスラム」の5人と134人の人質との交換に応じるだろうか。

この時点で存在するレバレッジをどれだけ理解できているかで、あなたの出す答えは決まってくるはずだ。では、状況を検証していこう。

状況をコントロールしているのはどちらか

まず把握しておきたいのは、誰が現状を掌握しているのか、誰がその現状を変えようとしているのかという点だ。レバレッジは、現状をコントロールし、現状に最も満足している側にあることが多い。

事件発生前、ハナフィー派には逆風が吹いていた。同派はイスラム系黒人グループの中でも非主流の少数派で、当局からもそれほど警戒されていなかった。しかし、この事件ですべてが変わった。今やハナフィー派が現状を掌握していた。実際、その行動はよく練られたものだった。やみくもに事件を起こしたわけではない。どうしても世間の注目を集めたい、交換条件で手に入れたいものがある――。これらの目的を達成するためのレバレッジを手に入れようとして、人質をとったのである。

こうしてハナフィー派は現状をコントロールし、一時的に優位に立った。では、これからどうなるのだろう。ハナフィー派も警察も十分に武装している。武器を使えば、双方共に血を流すことになりかねない。相手が持っているもの（この場合は人命）を奪うことで相手を困らせる力は、レバレッジの重要な要素である。

真実味のある脅しをかけられるのはどちらか

「脅し」は交渉でよく登場する要素だ。ときに大っぴらに使われることもあるが、たいていは、ほのめかしという形で使われる。現状を変える可能性のある選択肢をこちらが示せば、相手はそこに脅しを感じるのが普通だ。ただし、交渉で脅しを使うのは火遊びに似ている。関係者すべてに危険がふりかかるからだ。

脅しは信憑性があってこそ効果がある。脅した時、相手が「それをやられたら困る」と心の底から思い、「本気でやるつもりだ」と思ってくれないと意味がない。脅しを実行すれば自分も傷つくとか、むしろ自分の被害の方が大きいようでは真実味がなくなる。

では、今回の人質事件においては、どちらが信憑性のある脅しをかけられるだろうか。ハナフィー派は自分達の脅しが言葉だけでないことを即座に示した。1人を殺害し、多くの人にけがを負わせたからだ。一方、警察には信憑性の点で問題があった。武器を使えばどうしても人質を危険にさらすことになる。人質の数が多く3カ所に分散していることを考えると、武器の使用はためらわれた。これは警察にとって、脅しというレバレッジが極端に弱くなることを意味した。

そのうえ、ハナフィー派は「自分達には死ぬ覚悟がある」と公言することでより強い立場に立った。少なくとも彼らの一部は、本当に死んでもいいと思っていた。これではいくら警察が武器を持って脅しても効果はない。

警察にはさらなる足かせがあった。法律である。カーリスの家に乗り込んで自分達も人質を取るわけにはいかない。また、人質を取ったり殺人を犯したりすると、どんな罪になるかを説こうにも、相手がすでにその行為に出てしまっている以上、脅しには成り得なかった。

では、ビルの水道や電気を止めるという方法はどうだろうか。これは犯人より人質に悪影響を与える恐れがあった。

つまり、警察がハナフィー派を追い詰められる可能性はきわめて少なかった。どう考えても現状を掌握しているのはハナフィー派であり、脅しのレバレッジも彼らの手中にあった。したがって、もし、あなたが考えた解決方法が、「特殊部隊にビルを急襲させて人質を助け出す」ことだったなら、考え直してほしい。この状況、この時点でのレバレッジを考えると、武力行使はよくない。

ただし、警察の武力はある面では意味があった。ハナフィー派が占拠したビルを完全に包囲することで、警察は状況をある程度コントロールする力を回復したからである。カーリスは彼自身も、「囚われの身」であるということに徐々に気付いていた。その証拠に、38時間にわたった交渉の途中でカーリスは、「自分の妻と生き残った家族が無事でいるかどうか自宅を確認してほしい」と警察に要求している。

結局、レバレッジの状況を考えると、ほとんどの人質事件の初期段階において警察がとるべき行動は強行突入ではない。犯人側の持つ力をしっかりと認識し、いきなり事態を掌握するのはあきらめたということを犯人側に示し、犯人側との協力態勢を整える機会を探ることだ。

時間に縛られているのはどちらか

この状況下では動きが見えにくいレバレッジに「時間」がある。時間を味方に付けているのはどちらだろうか。ハナフィー派のように思えるかもしれないが、それは違う。彼らとしては、メッセージを伝え、自分達が目標達成までの道のりのどのあたりにいるか見極めるための時間が必要だった。だがその一方で、現状をずっと掌握し続けるのは無理だということもわかっていた。

人質事件における時間の意味について、心理学の研究では興味深い事実が明らかになっている。ほんの少しでも時間がたてばたつほど、人質の命が助かる可能性は増すというのである。人質は、最初の15分間を生き延びられれば最終的に生還できる確率が非常に高くなるそうだ。

それはなぜなのか。まず、時間が経つにつれて「目的のためなら死んでも構わない」という犯人の士気が鈍ってくる。次に、士気の高さを維持できたとしても、時間の経過と共に人質との間に交流が生まれれば冷酷無比には殺せなくなる。最近の例では、ペルーの日本大使館が4カ月にわたって占拠され、最終的には犯人14人が72人の人質をとっているところへ警察官１４０人が突入して決着した事件がそうだった。人質の１人によれば、警察が敷地内へなだれ込んだ時、見張り役の犯人はいったん彼にライフルを向けたもののあっさりと銃口を下げ、背を向けて銃撃戦の中へと歩み去ったという。

したがって、人質事件においては時間が経てば経つほど警察側に有利になる。では、カーリスのように狂信的な犯人が相手の場合、どうやって時間を稼げばいいのだろうか。ポイントは、コミュニケーションの糸口を作ることだ。

カーリスの方も、外部とコミュニケーションを取ることに気を配っていた。カーリスは、義理の息子を使い、黒人のテレビレポーターに接触させてハナフィー派の要求を発表させた。このレポーターは、事件が解決するまでメッセンジャーの役割を果たし、警察は犯人側とレポーターとの会話をすべて録音・分析して次にとるべき行動を考えていた。

膠着状態を打開する手立てはあるか

コミュニケーションの糸口が確保されたことから、警察はカーリスが望んでいるものの中から実現可能なものを見つけ出してレバレッジを得ようと動き始めた。ここで私が「実現可能なもの」という表現を使った点に注意してほしい。犯人側が突きつけてくる無理難題にどう対応するかが、人質事件の交渉では特に難しいところなのだ。

カーリスは自分の子供を殺して服役中の「ネーション・オブ・イスラム」のメンバー5人を引き渡すよう望んでいた。自分の手で復讐したかったからだ。だが、これは警察には呑めない要求だった。そこで警察は話題をそらせ、実現可能かもしれない他の要求について話すことにした。狙いはカーリスに自分が主人公だと感じさせ、しゃべり続けさせることだった。

交渉においてはよくあることだが、カーリスの要求は、はっきりと口に出すものもあれば暗にほのめかすだけのものもあった。カーリスの行動や沈黙は言葉と同じく、彼のニーズを探る手がかりだった。電話でのやり取りを2~3回行なった頃から、警察はカーリスが評価しそうな譲歩点をリストアップし始めた。

膠着した状況を打破するために、警察はカーリスの要求のうち2つに応じる決断を下した。まず、全米の映画館に『ザ・メッセージ』の上映中止を要請した。次に、750ドル分の小切手をカーリスの自宅に届けた。2つの譲歩をすることで警察は時間を稼ぎ、カーリスの信頼を得た。そして次に何をすべきかを探り始めた。

警察にとって不思議だったのは、自分もイスラム教徒であるカーリスが、なぜイスラム教のモスクと文化センターを占拠したのかということだった。しかし、電話を盗聴したことがきっかけで、警察は、実際は誰にも認められていないのに、カーリスが黒人イスラム教徒のスポークスマン気取りでいることに気付いた。やがてカーリスは、イスラム国であるパキスタンの在米大使と信仰の問題について話したいと要求してきた。警察はここに突破口を見出した。

事件初日の夜から翌日にかけて、パキスタンの大使は電話でカーリスと話し合った。話し合いにはエジプトとイランの大使も加わり、イスラム神学やさまざまな宗教上の教えについて議論が戦わされた。大使達は、カーリスがコーランを読み込んでいることに驚いた。

カーリスは、高名な人々の前でイスラム教の指導者として振る舞いたいと思っている――。大使達との話し合いを聞いていた警察は、読みが当たっていることに自信を深めた。ビルを急襲した時、カーリスはこう叫んでいた。「今度はやつらが私の言うことを聞く番だ」。その叫びに彼の重要なニーズが隠されていたことを、警察は理解し始めたのである。

交渉が決裂すれば何を失うかを相手に理解させられるか

難しい交渉においては、「望みを実際に叶えることができる」ということを相手に示しただけでは不十分である。相手がそうしたデモンストレーションを話半分に考え、要求をもっと引き上げてくるケースがほとんどだからだ。真のレバレッジを手に入れるには、交渉が決裂した場合、相手にも確実に失うものがあることを理解させなくてはならない。

今回の事件では時間が経つにつれて、人質の問題からイスラム神学へのカーリスの関心や彼の自尊心の問題へと、交渉の焦点が徐々にシフトしていった。事件を悲劇的な結末で終わらせたのではイスラム系黒人のリーダーになりたいという真の望みは叶えられない、事件を平和的に解決してこそ望みのかなう道がある――。警察はこの点をカーリスに理解させようとしていた。

事件発生から2日目、カーリスはブナイ・ブリスのビルのロビーでパキスタンの大使と面談させてほしいと要求してきた。この要求は物議をかもした。大使まで人質にとられてしまっては、外交問題に発展しかねない危険性があったからだ。

だが、当の大使はカーリスと気持ちが通じ合ったという感触を持っており、要求に応える心づもりができていた。そこで、電話で話した大使3人に丸腰の警官2人を付けることを警察が提案し、カーリスも同意した。この直接対話はターニングポイントになることが予想された。顔を合わせるメンバー全員の人間性が問われる、ぎりぎりの交渉だった。

事件から3日目、3人の大使とカーリスはイスラム神学について3時間話し合った。特に、イスラム教における思いやりと慈悲の役割が話題の中心となった。真夜中を過ぎた頃、パキスタンの大使は「あなたの良き信仰を示すために、人質のうち30人を解放してはどうか」ともちかけた。「全員を解放したって構わない」とカーリスは答えた。解決への扉が開いた瞬間だった。

話し合いは人質解放の条件に移った。自分のメンツもあるので、いったん逮捕した後に保釈金なしで解放し、裁判まで自宅で待たせてほしい――。これがカーリスの出した条件だった。そうすれば人質は全員解放するという。

最後になって出されたこの予期せぬ要求を見ると、交渉の最終段階においてもレバレッジが威力を発揮することがはっきりとわかる。事件を終わりにする意思を示してしまったカーリスは、明らかに不利な状況にあった。それでも、警察が欲しくてしかたがないもの（人質）はまだ彼の側にあった。そこを利用してカーリスは最後の要求をし、相手側の望むものすべてを渡すかわりに比較的小さな譲歩を引き出したのである。

交渉が成立したのは、直接話し合った同士が互いを人間として信頼したからだ。警察は、カーリスが約束を守ることを信じ、カーリスも警察を信じた。当局者の間には激しい議論があったものの、カーリスの要求は認められた。結局、ハナフィー派は武器を捨てて投降し、人質は全員解放された。

要求どおり、当局はカーリスをいったん帰宅させ、在宅起訴という形で裁判まで待機することを許した。この判断については賛否両論が巻き起こったが、カーリスは再び騒動を起こすこともなく、数カ月後には判決が下った。カーリスとその仲間は殺人・誘拐およびそれに伴う暴力行為のかどで有罪となり、いまだ服役中である。

レバレッジの変化を把握できるか

カーリスの気持ちを和らげたのは、レバレッジのどんな変化だったのだろうか。まず、テロリストとして虚勢を張っていた彼だったが、このまま突っ張って死を選ぶことをせずに平和的に事件が解決しても、これ以上失うものはないことに徐々に気づいていた。人質、事件の犯人のほとんどが――特に退路を断たれてパニック状態で人質をとった場合――時間が経つにつれて同じことを理解するようになる。

次に、警察はうまく交渉を進め、カーリスが自分のニーズは満たされたと感じるようにもっていった。カーリスは、反イスラム的だと感じる映画を少なくとも数日間は上映中止にできた。侮辱に思えた750ドルの罰金を当局に返金させた。何より大きかったのは、イスラム教徒である大使達が彼を黒人イスラム教徒の代表であるかのように扱ってくれたことだ。これで、たとえ逮捕されて獄中にあろうとも、世界に影響力をおよぼし続ける自分の姿を想像することができる。

一方で、3つのビルを急襲して占拠するという行動を起こしたことで、憤怒と復讐へのこだわりが和らいだ面もあった。ブナイ・ブリスのビルでイスラム教徒の大使達と会った時、カーリスは自分の子供を殺した犯人達を引き渡せという要求は全く口にしなくなっていた。

警察がレバレッジの変化に気付き、カーリスの気持ちをうまく動かしたことが、人質全員の無事解放という結果につながったのである。人命が危険にさらされた混乱した状況の中で、カーリスの条件をのむ決断を下した人々は、レバレッジについても交渉プロセスについても深く理解していた優秀なネゴシエーターだったといえよう。

失うものが大きいのはどちらか

ここで人質事件からいったん離れて、レバレッジとは何かという話に戻ろう。交渉が決裂した場合に選択できる道があるかどうかという基準も、レバレッジを把握する1つの方法だ。ロジャー・フィッシャー、ウィリアム・ユーリー、ブルース・パットンは、共著『ハーバード流交渉術』の中で、「不調時対策案」について言及している。交渉が決裂した場合に考えられるベストな選択肢のことだ。良い対策案を持っているほど、その人の立場は強くなる。

わかりやすい例を挙げよう。あなたは、ある会社と就職の条件について交渉している。この時、他の2社からも誘いを受けているのならば、どこからも誘いを受けていない場合に比べて、ずっと強い立場で交渉に臨むことができる。交渉が決裂した場合の「不調時対策案」は、他の2社のうちどちらかの誘いを受けることだ。ところが、他には誘いを受けていない場合の「不調時対策案」は、失業を意味することになる。

ただし、どんな「不調時対策案」を持っているかという基準で測れるのは、レバレッジの一面にすぎない。先の人質事件でいえば、カーリスは、人質をとったことでより良い選択肢を手に入れたわけではない。要求が通らなかった場合、人質を殺すという選択をしても得るものは少ないからだ。そこで彼は、警察側の選択肢を狭めることで、社会の注目を集めることに成功した。交渉が決裂した場合、警察側に残された選択肢は武力の行使だったが、これは非常に使いづらい。交渉が進むにつれて当局のレバレッジが強くなっても、その点は依然として変わらなかった。

レバレッジを理解するうえでもっとわかりやすいのは、「交渉が決裂した場合に失うものが大きいのはどちらの側か」を常に念頭に置くやり方だ。先ほどの就職活動の例で考えてみよう。たとえ複数の企業から誘いを受けていたとしても、交渉相手の会社で働きたいという気持ちが強く、そのことを相手も知っており、なおかつ相手が雇用条件について譲歩はしないという確固とした方針を持っている場合、あなたのレバレッジは強くはならない。いくら他から誘いがあっても、現在進行中の交渉を決裂させることは、あなたの側に失うものが多すぎるからだ。

レバレッジには3種類ある

先の人質事件の例には、3種類のレバレッジが登場した。相手の望むものを提供できる相対的な能力から見たレバレッジ、相手がその時点で持っているものを奪い取る相対的な能力から見たレバレッジ、そして「ポイント３」で触れた「一貫性の原理」から見たレバレッジの３つである。それぞれを「ポジティブ・レバレッジ」「ネガティブ・レバレッジ」「原則のレバレッジ」と呼ぶことにしたい。以下に簡単な説明をしておこう。

ポジティブ・レバレッジ

特にビジネス交渉においてよく見られる、ニーズに基づくレバレッジである。相手が「○○してほしいのですが」と言うたびに、こちらのレバレッジは強くなる。

したがって、交渉に際しては相手のニーズが何で、それがどれくらい差し迫ったものなのかをできるだけ詳しくつかむことが大切だ。不動産王ドナルド・トランプは、ポジティブ・レバレッジの本質を的確に言い当てている。「レバレッジとはこちらの手の内にある、相手が欲しがっているもののことだ。それが相手にとって必要なものならばもっといい。相手にとって不可欠なものならば最高だ」

ハナフィー派による人質事件では、膠着状態の中で警察がのめる範囲の要求をカーリスが出すたびに、警察は時間とレバレッジの両方を手に入れていった。カーリスの言動の裏に秘められた欲求を理解するに至って、警察のレバレッジはもっと強くなった。最終的には、警察はカーリスが何よりも欲しがっていたもの――イスラム教の指導者として認められること――を提供することができた。そのニーズが満たされた時、カーリスは「この危機的状況から生きて出ていきたい」という抑えがたい新たな欲求がわき上がってきたことに気づいた。この時点で、レバレッジは完全に警察側のものとなっていたのである。

ネガティブ・レバレッジ

これは脅しに基づくレバレッジである。人質をとるというのはネガティブ・レバレッジの最たる例だが、日常的な交渉においても、脅しの原理を使ったレバレッジは存在する。

脅しは悪意や抵抗、怒りを生む場合が多いので、きわめて慎重に使うべきだ。「できるネゴシエーター」ならカーリスのように大声でどなったりせず、自分は相手を追い詰める力を持っているということをさりげなく示すものである。さらに、経験豊富なビジネスマンは、相手との関係を壊すことなく、スマートに脅しを使う。実例として、ドナルド・トランプのエピソードを紹介しよう。

トランプがニューヨークの5番街に高層ビル「トランプタワー」を建てようと計画した時のことだ。計画を実現するには、同じ5番街にある高級宝石店ティファニーの建物上空の空中権を得る必要があった。トランプは、空中権の代金として500万ドルを払う心づもりだったが、付近一帯の建物の外観における統一感を損ねるとして、ティファニー側は自分の申し出を断るのではないかと危惧していた。

ティファニーの経営者は、昔気質のニューヨーカー、ウォルター・ホービングで、トランプは直接ホービングと話し合うことにした。交渉に先立ち、トランプはお抱えの建築家にトランプタワーの図面を2種類描かせておいた。

話し合いの場で、トランプは両方の図面を見せた。1つは50階建てのエレガントなビルが描かれたもので、「高級宝石店のお隣にふさわしい建物になるはずです」とトランプは説明した。これは空中権を得られた場合の図面だった。もう1つに描かれていたのは、趣味の悪いビルで、ティファニー側の壁面全体にワイヤー格子で覆われた小窓がずらりと並んでいた。「御社の協力が得られなければ、ニューヨーク市当局の指導によってこうせざるを得なくなります」とトランプは説明した。

選ぶのはホービングだ。トランプの意図を理解したホービングは、その申し出を受け入れた。

脅しのレバレッジはよく効く。心理学の世界で繰り返し証明されているように、「何かを失う可能性は同じだけのものを得る可能性よりも大きく感じられる」からだ。だが、脅しは爆弾のようなものである。注意しないと、自分を傷つけることになる。

人質事件において、警察は占拠された建物の周囲を厳重に包囲することで、犯人を牽制した。

しかし事件を無事に解決できたのは、武力を一度も使わなかったからだ。

もう一つ、注意しておきたい点がある。相手が脅しを使ってきた場合、こちらも脅しで切り返す必要が生じるケースがあるということだ。「競争志向」が非常に強い人は、自分の脅しに相手が同等の脅しで応酬するのを見て初めて相手に一目置き、問題解決に向かって動くことがある。

原則のレバレッジ

3つ目は、「ポイント3」で論じた「一貫性の原理」から生まれるレバレッジだ。原則のレバレッジは、人質事件の例でも何度か重要な役割を果たしている。

例えば、パキスタンの大使はカーリスにコーランの教えを思い起こさせることで、カーリスが人質を解放して慈悲の心を持っていることを示す下地を築いた。コーランをはじめとするほとんどの宗教的な聖典は、復讐を超えて慈悲を、憎しみを超えて愛をもつことを奨励している。

また、カーリスが、「裁判を待つ間、在宅起訴という形で自宅にいたい」という思いがけない要求を出してきたことで、警察は自分達の作った「一貫性の罠」に自ら陥ることになった。警察がカーリスの要求を受け入れたのは、人質解放と引き換えだったからというのはもちろんだが、それよりも要求が出たのが大使達との話し合いの後だったことが大きかった。約束を反故にすれば、事件解決のために命を賭した3人の大使の顔をつぶすことになる。たとえ法律上では犯人との約束を守る義務はないにしろ、倫理上では約束を守るべきだというプレッシャーに警察は縛られたのである。

以上のように、レバレッジは、さまざまな面からとらえることのできる複雑な概念である。相手の真のニーズについて多くの情報を集めることでポジティブ・レバレッジを、相手を追い込むための信頼できるパワーを手に入れることでネガティブ・レバレッジを、そして相手が無視できないような原理に自分のニーズをあてはめることで、原則のレバレッジを手に入れられれば、もう言うことはない。

味方を増やそう

3種類のレバレッジを手に入れる効果的な手段の1つとして、自分の立場に賛同してくれる味方を作るという手がある。立場を同じにする味方の数を増やせれば、2つのメリットが生まれる。

第1に、意見が複数に分かれた時は、最初に多数派を占めた意見が通りやすいものだ。会議の席で誰かがある提案をし、何人かがそれに賛成すると、他にもっといい考えがあっても最初の提案が全体のコンセンサスとなる場合が多い。だから会議が始まる前に根回しをしておき、味方があなたを支持する意見を次々と出してくれれば、あなたの意見が通る可能性は強くなるだろう。

第2に、状況がはっきりしない時、人間には他人の行動に追従する習性がある。例えば、人通りの多い道を歩いていて、何人かが空を見上げていたら、あなたもきっと空を見上げるだろう。すると、後ろを歩いていた人も空を見上げ、同じ現象が伝播していくはずだ。交渉においても、問題が複雑で、誰か詳しい人が舵を取ってくれないかとみんなが期待しているような時には、同じことが起こり得る。味方がきっかけを出してくれれば、それにならって行動する人が出てくるはずだ。

誤解していませんか？

交渉の場数を踏んでいない人には、レバレッジの概念はわかりにくいものだ。レバレッジは、世間一般でいう「力関係」とは別ものである。私達は、経済・社会・政治の世界で権力を持っている人が何においても常に一歩リードしていると考えがちだ。大企業、高級官僚、金持ちは得だと思い込み、交渉においても彼らこそが常にレバレッジを持っていると考えてしまう。

また私達は、状況は変えられない、力関係は変わらないものだと思い込む傾向にある。例えば、どこにでもある商品や買い手がほとんどいない商品を売ろうとする時、「どうせ努力をしたって無駄だ」と考えたことはないだろうか。「買い手が好きな値段をつけるのだろうし、こっちは言い値で売るしかない」――。そう思いがちだ。

あるいは、自分が周囲に及ぼすことのできる影響力は、置かれた状況（事実関係）によって決まると考えたことはないだろうか。「私は失業している。だから、就職の面接では弱い立場だ」、「わが社はコンピュータの重要な部品の生産を一手に引き受けている。だから立場は強いはずであり、部品の価格は好きにつけられる」と考える人は多い。

だが、以上3つの考え方はすべて間違っている。さらに言えば、危険ですらある。相手が「できるネゴシエーター」なら、あなたがそう考えている点を利用するに違いないからだ。こうした誤解があると、自分で自分を負けに追い込んでしまうことにもなりかねない。3つの誤解について、以下にもう少し詳しく説明するのでわが身を振り返って考えてみてほしい。

誤解1「レバレッジ＝権力だ」

大間違いだ。レバレッジとはある状況における優位性を指すのであり、具体的な権力を指すのではない。権力とは無縁な人が、一定の状況のもとで大きなレバレッジを手にするのはよくあることだ。

例えば、あなたが自宅で5歳の娘と夕食をともにしているとしよう。お皿の上には栄養たっぷりのブロッコリーがのっている。だが、娘はブロッコリーを食べようとしない。

「いい子だから、ブロッコリーを食べなさい」

あなたは優しくさとすが、娘はこう言い返してくる。

「いやぁよ。ブロッコリーなんか嫌いだもん」

ここでレバレッジを持っているのは誰だろうか。

あなたがどんなに金持ちで、権力があって、体力的に優っていたとしても、この状況で強いレバレッジを持っているのは娘の方だ。なぜなら、ブロッコリーを食べるのは彼女であり、彼女でしかないからだ。あなたの望みが叶うかどうか、その答えを握っているのは彼女であり、彼女は「いや」と言うことで何も失うものがない。そのうえ、彼女はおそらく、ブロッコリーを食べるか食べないかがあなたにとって大きな問題であることを察知している。これで彼女の立場はますます強くなる。理詰めで説得することもできるが、5歳の娘がブロッコリーの栄養的価値を聞いて納得するとも思えない。ということは、原則のレバレッジを持ち出したとしても、効果は期待できそうにない。

「賄賂」で娘の気を引くという手もある。「ブロッコリーを食べたらデザートをあげる」などと具体的な提案をすれば、彼女の頭には嬉しいイメージが浮かぶ。ここで交渉が決裂すれば、もらえるはずのごほうびが消えてしまうわけだから、これはかなり力のあるレバレッジになるだろう。

しかし、子供にこうしたレバレッジを使うのはリスクを伴う行為だということは、親なら誰でもわかっているはずだ。やるべきことをやらせるのにいちいち品物で釣っていたのでは、子供はわがままになってしまう。親は将来いよいよ苦労をするだろう。

では、食べないとひっぱたくとか、子供部屋に閉じこめるとか、デザートをなしにするなど、わかりやすい脅しを使うのはどうだろうか。体の大きさも違うし、威厳のある声を出して脅せば、簡単に言うことをきくかもしれない。

しかし、ブロッコリー程度の問題で脅しを使うのはどうだろうか。たとえ効果があったとしても、娘はできるだけのろのろ食べて、ときどき不機嫌きわまりない視線をあなたに向けてくるだろう。私の教え子の話では、脅しを使って子供に嫌いなものを食べさせようとしたら、食べ終えるのに４時間かかったという。こうなると、楽しいはずの夕食が親子の我慢比べになってしまう。

さらに、娘があなたの脅しをハッタリだと見て「それでもいいもん」と居直ってしまったらどうだろう。罰として本当に部屋に閉じこめてみたところで、結局ブロッコリーは食べないままだ。娘との対立を激化させるか、あなたが白旗を掲げるか、どちらかしかない。

つまり、あなたの娘は世間的には幼いし弱いかもしれないが、この状況においては彼女がレバレッジを持っているということだ。問題を解決するには、彼女の好き嫌いをある程度、考慮して話を進めるしかない。他の野菜をかわりに食べさせる、ブロッコリーの量を減らす、ブロッコリーと気づかずに食べられるように調理法を工夫する――。考えられる手はこれくらいだ。

結局、親としては、娘がレバレッジを持っていることを認識したうえで、彼女の利益を尊重するやり方で対処すべきだ。娘が自分のことは自分で決めていると感じるようにもっていくことが大切である。頭の固い政治家や税関の偏屈な係官、けちな経理係などと交渉する場合も、基本は子供相手の交渉と同じだ。彼らは、あなたがやってほしいと思っていることの決定権を握っているわけだから、あなたにいくら金や権力があろうと、交渉は慎重を期した方がいい。

レバレッジは、経済力や権力とは関係がない。したがって、レバレッジのありかを判断する際には次のことをよく考えてみよう。相手が望んでいることで自分がコントロールしているものは何だろう。自分が望んでいることで相手がコントロールしているものは何だろう。交渉が決裂した場合に失うものが大きいのはどちらの側なのだろう……。

誤解2「レバレッジは変わらない」

これも間違っている。レバレッジは静的なものではなく、動的なものだ。レバレッジは交渉が進むにつれて変わっていく。だから、こちらのニーズを明らかにし、ニーズが満たされるよう要求するにもタイミングがある。

ハナフィー派による人質事件の例を考えると、このことがよくわかる。自分の言うことに他人が耳を傾けてくれる前は、カーリスには人質を取る必要があった。よき信仰の証として人質の一部を解放させるというアイデアを使えるようになるまでは、警察には大使達を動かして、カーリスと信頼関係を築いてもらう必要があった。カーリスは在宅起訴を望んだが、この要求はまだ警察から譲歩を引き出せるだけのレバレッジを持っていた時に出したからこそ有効だった。

そんなことは当たり前に思えるかもしれないが、時間とレバレッジとの関係は意外に把握しにくいものだ。例えば、就職活動をしている人にとって、ボーナスや社用車の使用などの緒条件を会社と交渉するべき「ベストタイミング」はいつだろうか。答えは、会社から「うちに来ないか」というオファーをもらった後であり、かつ「はい、お世話になります」という返事をする前である。

この期間なら、会社が「雇いたい」という意思を明らかにしているのに対して、候補者にはまだ「ノー」と言う自由がある。つまり、交渉が決裂した場合に、会社の失うものの方が大きい期間であり、候補者の立場が相対的に強い時期なのである。会社がオファーを出す前、または候補者が「イエス」の返事をした後と比べると、ベストタイミングの時期は会社が候補者のニーズに最も敏感になる時だといえる。

もちろん、ベストタイミングなら必ず条件アップを承諾してもらえるとは言い切れない。雇うかどうかの決定権を握っているのは会社だからだ。それでも、レバレッジにはタイミングが大きく影響する。レバレッジが最も強い時に要求を立ててこそ、望むものが手に入る可能性も大きくなる。

誤解3「レバレッジは事実に基づいて決まる」

これも間違いだ。レバレッジは、相手が状況を「どう認識するか」で決まるのであり、事実で決まるのではない。人質事件の例で考えると、カーリスは、実際には黒人イスラム教徒のリーダーではなかったが、あたかもそうであるかのように扱われた時、降伏を決めた。また、警察は実際には簡単に武力を使えるわけではなかったが、占拠されたビルを包囲することで威嚇の効果は得られた。

どんな人も、「これだけ持っている」と相手に認識された分だけレバレッジを手にしているのである。「強い」と相手に思われたら、たとえ一瞬であってもあなたは強い立場にいることになる。

レバレッジが相手の認識によって決まるということには、もちろんマイナスの面もある。相手に「弱い」と思われれば、事実は逆でも強さを発揮できないことがある。そういう時には、自分の強さを証明する手立てを見つけなければならない。社員としての能力や商品の価値など証明が難しいものに関しては、試用期間の間に実力を示すとか、商品のサンプルを提供して良さをわかってもらう努力が必要になることもある。

相手が本当のレバレッジを見極められずに誤解に基づいて行動を起こせば、こちらにマイナスに働くこともある。うまくデモンストレーションをして誤解を正し、被害を回避しよう。

家庭や企業、組織におけるレバレッジ

家庭や企業、組織において、レバレッジは、完全な「競争志向」の市場とは違った働き方をする。人間関係が複雑に入り組んでいるために、取引や説得といった行為がより微妙な問題になるからだ。したがって、家族や上司や同僚を相手に交渉をする時は十分に注意しよう。

もちろん、相手が欲しいと思っているものを支配していれば、こちらがレバレッジを持っていることになり、交渉決裂によって失うものが少ない側が有利であることに変わりはない。しかし、人間関係を維持したり強めたりする必要のあるグループにおいては、レバレッジの使い方が変わってくる。

例えば、一般の交渉においては、気に入らなければ椅子を蹴って立ち去ることができるような強みを持っていることは有利に働く、交渉が決裂しても別の、それもかなり良い選択肢がある場合は、こちらにとって相手の必要性は少ないし、こちらが失うものも少ない。

ところが、家庭や勤め先においては、いくら自分が有利でも、そう簡単に「椅子を蹴る」わけにはいかない。行き過ぎた脅しと取られ、理不尽な人間だと思われてしまうからだ。

そんな時に有効なのは、原則のレバレッジを使うことである。グループのメンバーが共有している価値観に訴えれば、うまくいく場合が多い。

また、通常の交渉においては、急いでいると訴えるのはレバレッジを弱める結果につながる場合が多い。相手の同意を心底望んでいることや、相手に「ノー」と言われれば失うものが多いのはこちらだということを露呈してしまうからである。

ところが、家庭や勤め先においては「どうしても」、「すぐに」欲しいと訴えることが、プラスに働くケースがある。固い絆で結ばれている仲なら、強く懇願すれば相手は聞き入れてくれるものだ。ただし、この手が通用するのは、「どうしても」、「すぐに」とは滅多に口にしない人が使う場合に限られる。普段から不平ばかり言ったり自分の主張をゴリ押ししたりするタイプの人が、声を大にして熱意を訴えても逆効果である。

ポイント6　これで王手！

レバレッジは、交渉の行方を占ううえでの重要なカギである。交渉が決裂しても失うものの少ない側は、自分の主張を強硬に唱えられるだけのレバレッジを持っているといえる。

レバレッジを強めるにはいろいろな方法がある。交渉が決裂した場合に備えて、他の良い選択肢を見つけておくのも手だ。相手が欲しがっているものを押さえておくのもいい。味方を増やすのもいい。交渉が決裂したら相手がメンツを失うような状況を作っておくのもいい。相手を袋小路に追い込む力をこちらが持っているのだと示すのもいい。

権力がなくてもレバレッジは持てる。レバレッジは刻々と変わるので、要求を出すタイミングは大事だ。さらに、レバレッジは「事実」よりも「認識」で決まってくる。

最後に、人間関係の密な組織においては、クールに振る舞うよりも、ストレートに情熱を示した方が効果的なことがある。普通の交渉とは逆のレバレッジが働くのである。

レバレッジを手に入れるためのヒント

● 以下の点について考えよう

交渉が決裂した場合に失うものが多いのはどちらか

時間に縛られているのはどちらか

相手が欲しがっているものを押さえられるか

自分の立場を良くするために味方を増やせるか

第2部

実践編

交渉を進めるうえで知っておきたい4つのポイント

ステップ1　まずは戦略を立てよう

難しい交渉をする時は、種をまいてすぐに収穫できるなどと思ってはいけない。入念な準備をしておけば徐々に実ってくるものだ。

フランシス・ベーコン

第1部では、交渉をうまく進めるうえで重要な、以下の6つのポイントについて考えた。

①自分に合った交渉スタイルを見つける
②具体的な目標を設定する
③権威のある「基準」や「原則」の力を借りる
④人間関係をうまく利用する
⑤相手の利益に注目する
⑥レバレッジを把握してうまく使う

これらはどれも、私達すべての人間に共通する心理から生まれた側面だ。だからこそ、人間同士が行なう交渉に影響を与えるのである。

第2部では、第1部で紹介した6つのポイントとそこに潜む人間心理が実際の交渉プロセスにどう関わってくるかを検証したい。テーマはずばり「交渉とは4つのステップを踏むダンスである」ということだ。交渉を4つの段階に分け、いつ何をすればよいかについて順に考えていこう。

交渉の4つのステップとは

交渉の4つのステップは、日常生活ではどのように現れるのだろうか。簡単な例で説明しよう。

あなたは今、車を運転して交差点に近づいている。別方向から、1台の車が交差点に近づいてくるのが見える。このままだと、交差点に同時に進入することになってしまう。あなたならどうするだろうか。

ベテランのドライバーなら、状況を確認するためにまず減速するのが普通だろう。次に相手の車を見て、向こうのドライバーとアイコンタクトを取ろうとするはずだ。目と目が合ったら、片方のドライバーが手を振って「お先にどうぞ」の合図をする。ひょっとすると双方が手を振るかもしれない。一瞬ためらった後、片方のドライバーが先に発進し、もう1台も動き出す。

この一連の流れの中に、4つのステップが見えたのがわかるだろうか。「準備（減速）」「情報交換（アイコンタクト）」、「提案と譲歩（手を振って合図）」、「成約（車を動かす）」の4つだ。

これは特別なケースではない。「ポイント1」で紹介したアルーシャの人々の上地をめぐる争いも、あるいは労使交渉も、企業合併も、国や文化の違いを問わず、すべての駆け引きのプロセスはこの4つのステップで説明できる。

もちろん、複雑な交渉になれば、ステップを踏む順番やペースが変わることもある。譲歩の段階でつまずいて、情報交換からやり直しのケースもあるだろうし、争っている点によって進み具合が違うケースもあるだろう。例えば、争点AとBについては成約の一歩手前までこぎ着けているのに、争点Cについてはまだ情報交換から譲歩のプロセスが続いていることもあり得る。

文化が違えば、どのステップを大事にするかも違ってくる。欧米の人々は、情報交換をさっさと済ませ、一刻も早く具体的な話に入りたがる。一方で、アジアやアフリカ、南米、中東の人々は人間関係を重視する。情報交換に時間をかけ、本題に入る前にある程度の信頼関係を築こうとするのだ。いったん信頼関係が成立すると、具体的な話はさっさと済ませる場合が多い。

端から見ると無意味な社交辞令的なディナーとイベントに10日間も時間を費やした後、やっとの思いで数百万ドルの取引をサウジアラビアで成立させることができた。表向きにはわからないが、有益な関係を築き上げるために、準備周到な計画は練られていた。各ステップをふんで、最終的に取引成立には数分しかかからなかった。

どの文化でもあってもいえるのは、「できるネゴシエーター」は、皆最高のダンサーだということだ。彼らはパートナーのペースを敏感に察知し、呼吸を合わせてダンスしようと努力する。「ステップ1」では、交渉相手と顔を合わせる前に戦略を練るための準備段階について考えていく。交渉の準備をする時は、次の4つのポイントを頭においてほしい。

準備1　状況を見極める

準備段階での最終目標は、自分が直面している状況に応じて具体的な行動プランを立てることだ。交渉の状況は大きく4つに分けることができる。分類の基準は、次の2点である。

●双方が相手との「人間関係」をどのくらい重要だと「認識」しているか
——それぞれの目標を達成するために相手の助けと協力をどこまで必要としているか
●双方が「利害関係」をどのくらい承要だと「認識」しているか
——限られた同じ資源（金、権力、空間など）をどこまで欲しいと思っているかあらゆる交渉は、以上2つの基準から状況を見定めることができる。この2つを使って、自分の置かれている状況をひと目で把握できる図を作ってみた。186ページを参照されたい。

図7‐1は「人間関係」の基準を縦軸に、「利害関係」の基準を横軸にとって交渉の状況を分類したものである。単純な方から「暗黙の協調型」、「取引重視型」、「人間関係重視型」、「バランス重視型」と名づけてみた。順を追って詳しく見ていこう。

暗黙の協調型

図の右下に位置するのが、あらゆる交渉の中でも、最も単純な「暗黙の協調型」の状況である。特徴は、双方の利害関係の対立がそう深刻ではなく、人間関係も希薄なことだ。

先に挙げた、交差点に同時に入ってきた2人のドライバーが置かれた状況はこのタイプだ。それほど目くじら立ててやり合う必要はないし、もめたとしても2人が再会する可能性はほとんどない（これまでやこれからの人間関係を考慮する必要がない）。

この状況に置かれたなら、対立をうまく回避することが一番の対処法だ。それさえできれば、「交渉」という大事に発展することもなく問題は解決するだろう。

図7-1

交渉の4つの状況

利害関係についての認識

人間関係についての認識	重要性・大	重要性・小
重要性・大	**バランス重視型** 提携、ジョイントベンチャー、合併などの交渉	**人間関係重視型** 仲のいい夫婦間、友人同士、仕事仲間との交渉
重要性・小	**取引重視型** 不動産の売買や市場取引、離婚した夫婦間の交渉	**暗黙の協調型** 交差点でどちらの車が先に通過するかの交渉

取引重視型

図７‐１の左下に移ろう。「取引重視型」の特徴は、人間関係よりも利害関係が大きな問題となることだ。見知らぬ同士が行なう不動産や車の売買、契約成立後は買収される側の経営陣が去る予定の企業買収など、市場を介する交渉の多くがこのタイプの典型である。

そう言ってしまうと、人間関係を全く考慮に入れない単純な「押し問答」または「勝者総取りの掟」がまかり通る状況なのかと考えたくなるが、実はそうでない場合が多い。取引を成立させようとするなら、相手との間に仕事上の良い関係を築く必要が出てくるからだ。

では、大きな利害関係が絡む「取引重視型」の状況に置かれたらどうふるまえばいいのだろうか。実例を挙げて説明しよう。

モルガンとロックフェラー

このエピソードには、南北戦争後にやってきた空前の好景気にわくアメリカを生きた３人が登場する。ウォール街の帝王Ｊ・Ｐ・モルガン、スタンダードオイルの創業者ジョン・Ｄ・ロックフェラー、その若き後継者ジョン・Ｄ・ロックフェラー・ジュニアだ。

１９０１年、モルガンは鉄鉱石の豊富なメサビ鉱山の購入に強い関心を寄せていた。当時、モルガンは鉄鋼会社（のちのＵＳスチール）を立ち上げようとしており、原料の供給基地としてどうしてもメサビ鉱山が欲しかったのである。

メサビ鉱山の所有者はロックフェラーだった。すでに一線を退き、大きな資産の売り買いには興味がないと言明していた彼は、モルガンから何度話をもちかけられても、その度断っていた。

モルガンとロックフェラーはビジネス上のライバルだったが、個人的にも互いを嫌っていた。モルガンはロックフェラーに対し一度として一緒にビジネスをしようと誘ったことはなかったし、ロックフェラーは会議でモルガンと顔を合わせた時の感想を「あんなに鼻持ちならない男は見たことがない」と述べている。

それでもモルガンはなんとかロックフェラーを説き伏せ、とうとうニューヨーク市内のロックフェラー邸で会ってもらうところまでこぎ着けた。そして鉱山の売り値を言ってくれと迫ったが、ロックフェラーは頑として口にせず、今後は27歳のジュニアと交渉するようにと指示した。これで有利に立てる――。そう感じたモルガンは、それまで面識のなかったジュニアをウォール街にある自分のオフィスに招いた。

数週間後、ジュニアがモルガンのオフィスに姿を現した。ジュニアは明らかに圧倒されていた。ここはそこらにあるようなオフィスじゃない、アメリカ経済を動かす中枢なのだ……。まさにモルガンの狙いどおりだった。

ジュニアが部屋に入ってきても、モルガンは書類の整理や部下との議論に熱中し、その存在に気づかないふりをしていた。ジュニアはモルガンに無視されたまま、じっと立って待っていた。

しばらくして、モルガンは目を上げるとジュニアをじろりとにらんだ。

「で、いくらだ？」

ジュニアはモルガンをまっすぐに見返すと、静かな口調で言った。

「モルガンさん、何か誤解があるようですね。私は売りたくてここに来たのではありません。あなたが買いたいとおっしゃるから来たのです」

２人はそのままにらみ合った。先に視線をはずしたのは、若きロックフェラーの堂々たる態度に感服したモルガンの方だった。モルガンは傲慢な口調を改め、２人は交渉に入った。

大まかな条件を話し合ううちに、はっきりしてきたことがあった。双方共にに、自分から価段を切り出すのを嫌がっていたのである。モルガンは事前に友人のジャッジ・エルバート・Ｈ・ゲーリーから「最高で７５００万ドルというところだ」とアドバイスを受けていた。だが、交渉のプロであるモルガンは具体的な数字を一切、口にしなかった。

そこでジュニアは、「正当な価格をつけるために仲裁人を立ててはどうか」と切り出した。検討の結果、モルガンもロックフェラーも信頼をおくヘンリー・クレイ・フリックを立てることになった。

指名を受けたフリックは、モルガンが７５００万ドル以上は払う気がないことを早速読み取った。そのことをロックフェラーに伝えると、「自分で最高額を決めてくるような買い手は気にいらんね」という返事だった。「そういうやり方の交渉にはのれない。まるで最後通牒を突きつけられているみたいじゃないか」

ブリックはロックフェラーと相談し、８０００万ドルという数字をはじき出した。それを聞いたゲーリーは、こちらの最高額とかけ離れているとして提案を蹴るようにモルガンに進言した。だが、モルガンは自分の立場をわかっていた。交渉を蹴って困るのは自分だ。８０００万ドルと言われても、鉱山をあきらめるわけにはいかない。それに、ロックフェラーには売り急ぐ理由がなかった。双方の事情をわかったうえで、ブリックは８０００万ドルという額を出してきたのだ。

「受け入れるという返事を書いてくれ」とモルガンはゲーリーに言った。こうして交渉は成立した。

メサビ鉱山はモルガンにとっていい買い物だった。鉄鉱石がどんどん産出され、莫大な利益を生み出したからである。

このように、人間関係に比べて利害関係が大きな意味をもつのが「取引重視型」の交渉である。もちろん、この状況でも会議を開いたり問題点を探ったりと、効果的なコミュニケーションのために双方が協力することはあるだろう。だが、これまでの人間関係を大事にしようとか将来にわたる協力関係を維持しようとして、ことさら骨を折る必要はない。こうした状況では何よりもレバレッジがものを言う。

人間関係重視型

「取引重視型」の正反対で、図7－1の右上に位置する状況である。特徴は、人間関係が大きな意味をもち、利害関係は2次的な重要性しかもたないことだ。結婚生活がうまくいっている夫婦間の交渉や、うまく機能している職場のチーム内での交渉がこのカテゴリーに属する。

人間関係が最も重要な問題であるとき、私達は相手を厚遇しようと努力し、自分の言動にも気を遣う。ここで、再び歴史に例を求めよう。今回の主人公は20世紀の生んだ偉大な科学者、アルバート・アインシュタインだ。

アインシュタインを雇うには

1930年代前半のこと、ニュージャージー州のプリンストン大学に新設された高等研究所は、世界一のシンクタンクとなるべくトップレベルの研究者を探していた。研究所スタッフは、学生の教育には携わらない。研究に専念し、食事やセミナーを共にし、論文を発表するのが仕事だった。

高等研究所の所長となったエイブラハム・フレクスナーは、アルバート・アインシュタインにアプローチを試みた。当時はヨーロッパに住んでおり新天地を求めていたアインシュタインは、高等研究所への誘いに興味を示した。2人は話し合いを進め、フレクスナーは、ついに「お給料はどのくらい差し上げればご納得いただけるでしょうか」とアインシュタインに問いかけた。

アインシュタインは「年額3000ドルいただければ満足です」と答えた。さらに、こう付け加えたのである。「もっとも、もっと安くても生活できるとあなたがお考えならば別ですが」

フレクスナーは、アインシュタインが提示した額の3倍以上である年収1万ドルではどうかともちかけた。引っ越し費用や年金などについて話を詰め、結局、アインシュタインは年収1万5000ドルに近い額を受け取ることで話がついたとされている。大恐慌の傷跡が残る1930年代においては、ハリウッドのスーパースターの年収にも等しい額だった。

このエピソードからは、人間関係を重視した交渉とはどのようなものかがよくわかる。フレクスナーにとって何よりも重要だったのは、アインシュタインという傑出した科学者に「自分は大事に扱われている」と感じてもらい、満足して高等研究所に来てもらうことだった。払う給料の額は問題ではなかったのである。

このやり方は功を奏した。アインシュタインは、高等研究所の象徴的存在として優秀な学者を世界中から呼び集める吸引力となり、高等研究所が世界に冠たる名門として発展していく基礎を固めたのである。

バランス重視型

図７－１の左上に位置するのが、４つのカテゴリーのなかで最も複雑であり、最も実り多い結果が生まれる余地のある「バランス重視型」である。特徴は、将来を見据えた人間関係と直近の利害関係とが、微妙な緊張関係にあることだ。就職の交渉、同族会社や自営業に携わる家族の間で行なう交渉、企業提携や買収（契約成立後も買収される側の経営陣が残るケース）、同一企業内での異なる部署間の取引などがこの範疇に含まれる。

「バランス重視型」の交渉では、双方とも思いどおりに目標を達成したいのはやまやまだが、これまでの、そしてこれからの人間関係を壊したくないという思いも強い。良い関係のままでいたいが、だからといってあまり多くの犠牲は払いたくないというのが本音だ。

では実例として、アメリカ建国の父であるベンジャミン・フランクリンのエピソードを取り上げたい。

フランクリンの食事契約

ベンジャミン・フランクリンは多才だったが、特に交渉術に長けた人物だった。放っておけば、ややこしい事態に発展する恐れのある問題をうまく解決するという彼の能力は、若い頃から発揮されていた。その一例が、寄宿舎の食事をめぐる交渉である。当時16歳のフランクリンは、関係者みんなが得をする巧妙な解決策を見事に考え出したのだった。

1718年、12歳のフランクリンは、ボストンにいた異母兄ジェームズのもとに徒弟として住み込み、印刷技術を学ぶことになった。ジェームズは独身だったので、寄宿舎で徒弟達と食事をともにしていた。食事代はジェームズが払っており、寄宿舎のコックが料理を作っていた。

4年が経過し、フランクリンは活発で好奇心の旺盛な16歳の少年になっていた。そんなある日、フランクリンは菜食主義を説く本と出合った。菜食主義のもつ健康面の効果や根底に流れる哲学にひかれた彼は、肉を食べなくなった。

ところが、寄宿舎のコックがジェームズに文句をつけた。フランクリンのためにだけ特別メニューを用意しなくてはならなくなったからだ。また、他の徒弟たちもフランクリンの「わがまま」を非難した。ジェームズも腹を立て、菜食主義が生んだ亀裂は、あっという間に兄弟の不和と徒弟同士の不和という二大問題に発展しそうな様相を見せた。

そこで、フランクリンはある提案をした。自分は他の徒弟たちと一緒に食事をとるのをやめる。

ジェームズには自分の分の食事代を払ってもらわなくていい。そのかわり、自分の分の食事代として寄宿舎のコックに払っていた金額の半分を、自分に渡してほしい。その金を使って自分で野菜を買い、自分で料理を作ることにする……。

この提案は何よりも自分にとって好都合だったと、フランクリンは自伝に書いている。

ほどなく私は、ジェームズが払ってくれる金額の半分を貯金できることに気づいた。おかげで、本を買うための資金が増えたのである。他にも利点があった。兄や徒弟仲間は工場から寄宿舎に戻って食事をとるが、私は1人で工場に残ってさっさと簡単な食事を済ませる……。そうしてみんなが戻ってくるまでの時間を勉強にあてられるようになったのだ。

つまり、菜食主義にこだわることによって、フランクリンは「全員が」満足できる解決方法を見出したのである。ジェームズは、弟のために払っていた食事代の半分を節約できるようになった。コックはわざわざ一人分だけ特別な食事を用意する手間がなくなった。フランクリン本人は菜食主義を貫くことができ、兄からもらった食事代の半分を貯金することができ、徒弟仲間とけんかすることもなく、そのうえ静かに勉強できる時間まで手に入れたのである。

このエピソードにおける利害関係は、ロックフェラーとモルガンの鉱山をめぐる利害関係とは全く異なる。また、高等研究所がアインシュタインの招聘《しょうへい》に成功した時のように、人間関係だけを重視したものでもなかった。食事代という利害関係が、ジェームズにとってもフランクリンにとっても重要な問題である一方で、フランクリンが菜食主義に固執することで兄弟が不和となったり徒弟関係がぎくしゃくしたりするといった人間関係の面も、大きな問題だった。

こうした難しい状況に直面したフランクリンが考えた解決策は、印刷工場内の和を保ち、当事者全員のメンツも立てたうえ、兄と自分にプラスアルファの資金までもたらした。まさに創意、工夫といえよう。

準備2　状況に合った戦略と交渉スタイルを選ぶ

いよいよ、ここまでに学んだことを応用する時が来た。おさらいしておくが、交渉の状況には次の4つのタイプがある。

①バランス重視型　　利害関係と人間関係が同じくらい重要なケース
（例／フランクリンの食事をめぐる交渉）

②人間関係重視型　人間関係を特に重視するケース
（例／アインシュタインの招聘交渉）

③取引重視型　利害関係を特に重視するケース
（例／モルガンとロックフェラーの鉱山をめぐる交渉）

④暗黙の協調型　双方が単に衝突を避ければいいケース
（例／／交差点での車の優先順位をめぐる交渉）

それぞれの例として取り上げたエピソードを見ればわかるように、置かれた状況が変われば、使うべき戦略も交渉スタイルも違ってくる。１９８ページの図７‐２で、４つの状況別に有効な戦略をまとめた。実際に交渉する時の参考にしてほしい。

それぞれの欄に挙げた戦略が、あなたの性格（交渉スタイル）に合っていて、使うことにためらいがないようなら、そのまま採用すればいい。だが、この戦略はどうも気後れする、使いづらいというなら、誰かに手伝ってもらうのがいいかもしれない。

全般的に見て、「協力志向」の人が得意とするのは、利害の大きな対立がなく人間関係を重視する「人間関係重視型」や「暗黙の協調型」の交渉だ。逆に「競争志向」の人は、利害関係を重視し人間関係は二の次という「取引重視型」の交渉が得意である。

図7-2

交渉の状況とふさわしい戦略

人間関係についての認識 ＼ 利害関係についての認識	重要性・大	重要性・小
重要性・大	**バランス重視型** 提携、ジョイントベンチャー、合併などの交渉 **とるべき戦略** 問題解決をめざす、または妥協する	**人間関係重視型** 仲のいい夫婦間、友人同士、仕事仲間との交渉 **とるべき戦略** 相手に便宜を図る、問題解決をめざす、または妥協する
重要性・小	**取引重視型** 不動産の売買や市場取引、離婚した夫婦間の交渉 **とるべき戦略** 競争する、問題解決をめざす、または妥協する	**暗黙の協調型** 交差点でどちらの車が先に通過するかの交渉 **とるべき戦略** 回避、相手に便宜を図る、または妥協する

「バランス重視型」の交渉にあたる人には、「競争志向」と「協力志向」の双方の資質に加えて、何がしかの想像力が必要となる。食事代をジェームズと折半するというフランクリンのアイデアには、主張がありながら公正で思慮深い気配りが感じられる。これぞ「問題解決型」のスタイルであり、この状況における理想的な解決方法といえる。

では、「問題解決型」の戦略を実行するのに向いているのはどのような性格だろうか。まず、攻撃的になりすぎることなく、しつこくという姿勢が肝心だ。フランクリンは提案をするにあたって、自分の菜食主義を貫いた。「協力志向」の人は、ともすれば自分の目標とするレベルをさっさと引き下げ、相手のニーズに合わせてしまう傾向がある。一方、「競争志向」の人は、相手の利害や感情に注意を払うことなく、自分の意見ばかり強硬に主張し過ぎるきらいがある。

想像力と忍耐も必要だ。あらゆる可能性を検討することなく簡単に妥協してしまうと、建設的な問題解決への道を閉ざしてしまうことになりかねない。図７‐２では、すべての状況に「妥協」という選択肢を加えたが、どの場合においても真っ先には挙げていない。つまり、最善の戦略ではないということだ。妥協は、時間が限られている時や他の戦略を補完するために使うのが望ましい。どんな交渉にでも使える手軽な戦略と考えるのは間違っている。

準備3　相手の立場に立って状況を考える

図7－1と図7－2で、私は、交渉の状況を分類する2つの基準を「利害関係についての認識」、「人間関係についての認識」と書いた。「認識」という言葉を使ったのは、交渉の状況は、当事者がどう見るかによって決まるものであり、客観的な事実ではないからだ。状況のとらえ方は人によって異なる。したがって、交渉の準備段階では自分の視点だけでなく相手の視点も気にしておく必要がある。

例えば、自分は何よりも人間関係が重要だと考えているのに、相手は利害関係を最大の焦点だと考えていたとしよう。これでは、双方は異なった認識に基づいて異なったアプローチを繰り広げることになる。このような食い違いを避けるために重要なのが、次の「ステップ2」で取り上げる「情報交換」の段階だ。ここで、相手が状況をどう考えているかを探るのである。

相手の胸のうちを探った結果、自分の思惑と食い違う可能性があるなら、自分と同じ認識を持ってもらえるように相手を説得することも必要になるかもしれない。では、あなたがデパートで買った商品を返品したいと店員に言ったとする。店員がこの状況を単なる「取引」と認識して返品を断ってきたら、どう対処するべきだろうか。

なじみのデパートであるなら、長い付き合いであることを説明し、返品を断るならこれまでのいい関係が壊れかねないと訴えるといい。人間関係が重要であるという認識を、その店員（または上司）に持たせることができれば、相手の態度も軟化するかもしれない。逆に初めてのデパートであるなら、これからの付き合いに言及することで同じような効果が得られるかもしれない。

準備４　コミュニケーションの手段を決定する

４つ目のステップは、どのように交渉相手とコミュニケーションをするのか決めることだ。これには、二つの側面がある。第一に、直接、交渉相手とコミュニケーションをとるのか、それとも、エージェントのような第三者を介するのか考える。もし、あなたが非常に協力的なネゴシエーターで、強靭な交渉相手と直面するのを避けたいのであれば、タフなエージェントか弁護士を雇った方がよいだろう。第二に、直接、面と向かって交渉する場合、コミュニケーションの手段を決める――。電話を使うのか、Ｅメールを使うのか。

新車を購入する際、すでに希望のクルマが決まっているのであれば、インターネット経由で交渉することによってセールス圧力を回避できる。現在、複雑な商談などは、コミュニケーションの手段がいくつか混合しているため、賢いネゴシエーターは、交渉プロセスの各段階でコミュニケーションの手段を決めている。

私と妻が、最近、フィラデルフィアのタウンハウスを売却して郊外へ引っ越した時、この2つの側面に直面した。ペンシルベニア大学に近く、大学の同僚など親しくしている隣人が多い家に15年以上も住んでいた。慣れ親しんだ隣人が喜んで新入居者を迎えてくれることを望んだ。また、不動産エージェントへ支払う6%を節約したいと思った。そこで、不動産鑑定士に少額の手数料を払って自宅を査定してもらい、独自でマーケット価格を調査してみた。不動産屋を通さないでご近所にこの家を買いたい希望者がいないか尋ねてみた。

数日後、同僚から妻と子供がいる若手の教授を紹介された。ニューイングランドから家の屋根、水回り、暖房システムをチェックするために家に訪れてきた。第一印象から、この家族がこの町の人達から歓迎されると感じた。しかし、プロのネゴシエーターを相手に価格交渉するのは大変だと相手が思ったにちがいない。このような場合、どのコミュニケーション手段が最適なのだろうか。

ここで私が提案した交渉手段はEメールである。後ほど詳細は説明するが、Eメールでの交渉は危険になる。しかし、この状況では、交渉相手側を安心させるという長所がある。提示事項を十分な時間をかけて検討でき、その内容は全て記録される。そのため、面談や電話での交渉で使われる交渉術が使えない。不透明感のない、交渉相手にとって不快感なく交渉できる。

今回はEメールを介して交渉したが、プロセスは全てスムーズに物事が進んだ。私は売り手として、直近のオークション結果表を提示価格のメールに添付した。買い手側は十分にリサーチした結果とカウンター提示をメールで返信してきた。いくどかメールのやり取りを2週間ほど続けた。最後に、相手に電話して5000ドルの開きを折半することで折り合いがついた。唯一の問題は、交渉が成立した数週間後に起きた。相手側の女性弁護士が、決定内容のあら探しを始めたのだ。時間単位で請求する弁護士にとって、無駄な行動こそ稼ぎになる。しかし、買い手側に電話して状況を確認するフォローアップが、全てをスムーズに進ませた。慣れ親しんだ町の隣人パーティーに招待されて、今でも友好な関係を保っている。

コミュニケーション問題1　エージェントを使うべきか?

自宅の売却例からもわかると思うが、費用対効果が高く望める場合以外にはエージェントを使わない。もちろん、交渉スタイルと知識の差がある場合、エージェントを雇うのは効果的である。不動産仲介者、フィナンシャルアドバイザー、弁護士、多種多様のブローカーが世の中には溢れている。そのため、好みに関わらず、エージェントと交渉することがあるだろう。

エージェントを使う最大の理由は、経済的で、自分自身で交渉するよりも良い取引を成立させることができるからだ。不動産仲介者は、独自のネットワークを使って私の家を宣伝することで多くの買い手を瞬時に探しだすことができただろう。また、無礼な買い手に対応する必要もなくなる。同じことが優秀な弁護士を雇う時にもいえる。弁護士は、交渉をスムーズに進めるだけではなく、取引に関わるリスクまで十分にチェックする。ニューヨークやシリコンバレーの法律事務所の弁護士達は、世界で最も洗練されたビジネス戦略家である。彼らは、法律や規制をもとに交渉するのではなく、複雑なグローバルな環境下で最大限の取引価値を高めようと努力する。エージェントの中にはその業界を代表するゲートキーパーの役割を担っている。例えば、大手出版社は、信用のある著作権代理人以外の提案を受け付けない。スポーツや娯楽イベントでも同じようにエージェントが中心的な役割を演じている。このような場合はエージェントを使うべきだ。

エージェントを依頼する前に、以下の事項を検討する必要がある。

①エージェント料金——できる限り、料金は交渉するように。

②エージェント自身の課題——どのようにエージェントは料金が支払われ、誰のために働いているのか確認すること。不動産取引の場合、エージェントは歩合ベースで、売り手側からエージェント料金を受け取る。これには2つの重要な意味を持っている。第一に、エージェントは取引回数を増やしてコミッションを稼ぐ傾向にある。不動産仲介者が自分の家を売る時は、通常よりも長く宣伝していると言うリサーチ結果もある。エージェントに最低価格を伝えるのも考えものである。取引を急ぐあまり、直ぐにボトムラインで相手と交渉するエージェントも多い。時間単位で請求するエージェントの場合は逆に物事を急がない。フィラデルフィアの自宅を売却した時の

買い手の弁護士のように、何かと掘り起こしては請求額を上げてくる。

③悪感情――エージェントは無駄な論争で繰り広げて、交渉の当事者間の関係を壊してしまうことがある。弁護士は、規制や法律を盾に交渉を複雑化させてしまい、ディールメイカーではなくディールブレイカーになることもある。その結果、嫌な感情、緊張、そして、信用不信といったネガティブな状況を作り上げてしまう。もし、雇った弁護士の態度が酷いと思った場合、直ぐに、契約を解除するべきだ。

④ミス・コミュニケーション――コミュニケーションのプロセス上に複数の人を介すと、ミス・コミュニケーションのリスクは高まる。双方でエージェントを介して交渉すると、話のひずみが増す。もし、エージェントを介して相手に重要なメッセージを伝えたい時は、エージェントを同伴させて相手と直接、打ち合せをするか、それとも、書面で相手に伝えるようにするべきだ。

⑤自己奉仕バイアス――不動産仲介者は、必ず家を売ると自信を持っている。また、弁護士は裁判で勝てると思っている。エージェントは自信過剰のあまり、思った結果を出せないとクライアントに問題を残してしまうと言うリサーチ結果もある。エージェントに頼らずに自分でリサーチして、必要であれば、セカンドオピニオンを得るべきだ。

⑥時間――下世話に「神がエージェントを使っていたら、まだ、地球は出来上がっていないだろう」と言う。エージェントを使うと、金と時間が掛かる場合が多く注意が必要だ。

コミュニケーション問題2　対面、電話、メール?

伝統的な交渉は対面形式だが、現在のネットワーク世界では他のコミュニケーション手段を使うことが多い。一般的には、相手の反応、フォローアップの質疑応答など多くのハードルを乗り越えることができる交渉形式は、対面によるもので、コミュニケーションの幅が最大である。声には出さない反応などがコミュニケーションの半分を占めているため、音声メッセージやメモと言ったツールだけを使うとコミュニケーションのチャンネルを失ってしまう。コミュニケーションの幅で言えば、ビデオカンファレンスが第2番目になる。ここ最近、テロ事件など地政学的リスクやコミュニケーション技術の向上にともなって、ビデオカンファレンスはかなり普及している。電話は第3番目で、音声のトーンと話のペースからコミュニケーションをはかることができる。最下位はEメールやインスタントメッセージといった電子媒体である。

利便性を考慮すると順位が逆になる。メッセージはクリックするだけで一瞬に送信できる。しかし、ミーティングを設けるのはそれなりに大変である。そのため、どうしてもEメールの使用頻度が高まる。

自宅の売却を例に挙げて、Eメールの長所は説明した。

便利――交渉相手が離れている場合

時間――余裕を持って検討できる

記録──提案事項が書面化される
データ伝達──大量のデータを容易に送信できる
対等──交渉当事者間の年功と経験値の差を平等にできる
レバレッジ──迅速に、グループメールリストを使用している同志と大きな連立形成できる

性格に関して、大きなメリットがある。交渉回避型の性質を持っている人は、Ｅメールを使うことで、対面交渉の時に起きてしまう相違と対立のリスクを低減できる。

電子媒体を通じてのコミュニケーションは便利だが、その欠点を熟知しておくべきだ。リサーチによると、以下の問題は繰り返し起きている。

①行き詰まりのリスク──音声トーン、表情、会話の間などはコミュニケーションに欠かせない。しかし、Ｅメールはこれらがなく、メッセージが相手に直接、ストレートに伝わる。メッセージの受け手は不愉快な思いから怒りを感じて、大きな問題に発展してしまう。Ｅメールを使った交渉に関するリサーチ結果は、このリスクを裏付けている。スタンフォード大学とノースウエスタン大学のＭＢＡ学生が、顔を合わせず電子メールだけでやり取りするオンライン交渉の実験をした。被験者の半分は「ビジネスライク派」とされ、交渉相手の名前を知らされただけですぐに交渉をスタートするように指示された。残りの半分には交渉相手の写真が渡され、本題に入る前に趣味や家族のこと、住んでいる町についてなどの情報を交換するように言われた。いわば「無駄

話派」である。情報が与えられた学生グループの94%は交渉を成立させることができたが、情報がなかったグループは70%の学生しか交渉を成立させることができなかった。

②不注意のクリック——パソコンの前だと緊張感が薄らいでしまい、意図しない相手に誤ってメールを送ってしまうリスクがある。受講生の1人が賃金交渉をメールで行い、大きな過ちを犯した。プロジェクトの功績は多くの人の助けによってなされたにも関わらず、傲慢な主張が書かれたメッセージが一斉に関係役員にまわってしまった。結果、彼は職を失った。

③遅延——同じ問題を解決するのでも対面やボイス・コミュニケーションに比べて、Eメールの場合、より長く時間が掛かると言うリサーチ結果が報告されている。Eメールだけを使って問題を解決しようとすると遅れが生じて誤解を招くことがある。

④集団の分極化——電子媒体を通してグループが交渉すると、決定が一方向へ偏る傾向がある。対面での交渉と違い、相手との会話や反応を確認しないため、協調性を失うようだ。

電子媒体での交渉しかできない状況の時、次の3点に気をつけるべきだ。

第一に、クリックする前によく考えること。ネガティブな気分のときは、絶対にメッセージを交渉相手に送信していけない。

第二は、ちょっとした気遣いを忘れずに、何かを要求する時は必ずその理由を沿えること。相手を気にしすぎているようだが、ストレートに受け取られるメッセージを少し和らげる効果がある。例えば、メールの書き出しを、「ジョン」とするよりも、「こんにちは、ジョン」とした方がよい。

第三は、交渉が長期化する時、相手に時折電話すること。また、できれば、面談も設けるべき。Eメールでは送れないメッセージを相手と会うことで伝えることができる。電子コミュニケーションだけで複雑な問題を解決しようと試みても、時間ばかりかかってしまう。カンファレンスコールや簡単なミーティングが解決策になる。

Eメールに代わってインスタントメッセージが、社内コミュニケーションに使われている。社内の上層部でもメッセージに慣れている人達は増えてきている。そのため、彼らは電子媒体が正式な交渉ツールとして捉えている。

Eメールと違ってインスタントメッセージは、複数のグループや関係者と同時に会話することができる。また、ブロック機能を使うことで、一部のメッセージは特定の相手に公開されない。Eメールと同じく、インスタントメッセージも会話の記録を残すことができる。カンファレンスコールには、この記録機能が備わっていない。しかし、Eメールと同じく、相手にメッセージがストレートに送られるため、言葉使いには注意が必要になる。ポーズ機能なく、メッセージはそのまま送られてしまうので、書き直す機会もない。

最後に、インスタントメッセージとEメールを比較して、競争的なネゴシエーターにとって、インスタントメッセージの方が、有利に働くというリサーチ結果が報告されている。Eメールでのやり取りの場合、相手に十分な時間を与えてしまうが、インスタントメッセージだと時間に余裕がなく、交渉を強引に進めることができる。インスタントメッセージでの交渉には、十分な事前準備と注意が必要になる。

準備5 交渉プランをまとめる

交渉の状況とそれぞれに適した戦略がわかったところで、自分に合った交渉プランをまとめることにしよう。巻末に「交渉プランニングシート」を用意したので、プラン作りの参考にしてほしい。実際の交渉が始まったら、進み具合に応じて適宜プランを修正していけばいい。

入念な準備を行なうことは、交渉を成功させるための大きなカギとなる。だが、あくまでもそれは第1歩にすぎない。準備ができたら、交渉の初期段階で相手にどんなことを尋ねるべきか、具体的な質問リストを作成しよう。交渉プランの良し悪しは、相手が何を望み、何を考えているかを、どれだけ事前に把握できているかで決まる。準備段階で把握していたことが正しいかどうかは、交渉が始まって情報を交換する段階に入ってくればはっきりするはずだ。

ステップ1　これで王手！

交渉の最初のステップは準備段階だ。まずは図7‐1を参考に、自分が始めようとしている交渉がどのカテゴリーにあてはまるかを考えよう。置かれた状況によって、効果的な戦略も違ってくる。

どんな状況なのかがわかったら、自分に合った交渉スタイルを考え、今回の交渉が自分にどれだけ向いているかを考えよう。基本的に対立を避けたい人は、相手が自分と同じようなタイプでないかぎり「取引重視型」の交渉には苦労することになる。「競争志向」の非常に強い人は、デリケートな心遣いを必要とする「人間関係重視型」の交渉には苦労するだろう。

次に、相手側がこの状況をどう認識しているか、想像してみよう。相手は人間関係を最も重視しているのだろうか。それとも、こちらと同じくらい利害関係を重視しているのだろうか。相手がどう見ているのかを予想しておくと、実際にどう出てこられても余裕をもって応じられる。

そして、相手側とどのようにコミュニケーションを取るのが最善か決める。エージェントを使うのか、直接交渉となった場合、コミュニケーション手段は面談、電話、それとも、メールなのか決める。

最後に、集めた情報と第1部で学んだ交渉の6つのポイントを考え合わせ、具体的な交渉プランを立てよう。立てたプランをもとに、交渉の早い段階で相手に尋ねる質問のリストを作り、実際に質問をして推測が正しかったかどうかを確認しておこう。

そこまでする余裕がないなら、とにかく交渉前に6つの重要ポイントを思い出すといい。そして図7－1を思い浮かべ、今の状況を分析しよう。これだけでも効果がある。

さて、準備はできただろうか。それでは、いよいよ相手とやり合うことになる。交渉プランを書き上げたら「ステップ2」へ進もう。

ステップ2　相手と情報を交換しよう

わかっていない人とは、質問をしない人のことである。

アフリカ・フラニ族の言い伝え

ここで「ポイント1」の冒頭に挙げた2つの例を思い出してほしい。アルーシャの人々が、交渉の初めに行なうのは「山に向かって語る」ことだった。まずは大げさに要求し、大げさに反論する。「山に向かって語る」内容を額面どおりに受け止める人はいない。むしろこの行為は、これから話し合うべき本題について、どこまで要求するのが妥当な線かを探るためのものだ。「山に向かって」語られたことは、現実的な取引の話に入る頃には都合よく忘れ去られている。

HBJの買収をめぐるピーター・ジョバノビッチとディック・スミスの交渉の幕開けはどうだっただろうか。双方共に念入りな台本を用意していたのに、ジョバノビッチは自ら筋書きをそれ、スミスに社名入りの腕時計をプレゼントして買収話に乗り気であることを示した。贈り物をきっかけに2人の間には信頼関係が生まれ、「あなたが優位に立っている」とジョバノビッチが認識していることもスミスに伝わった。こうして互いに協力して交渉を進めようという雰囲気が生まれ、双方の間に仕事上の良い関係ができて、最終的に交渉はうまくまとまった。

「山に向かって語る」ことも、話を始める前に贈り物を渡すことも「交渉」の一部だといったら、びっくりする人もいるかもしれない。たしかに「ギブ・アンド・テイク」もなければ、具体的かつ現実的な提案のやり取りもない。だが、これらの行為は交渉において常に最初に行なわれ、必要に応じて途中でやり直されることもある「儀式」なのである。それが相手との情報交換だ。

情報交換の段階には3つの大きな役割がある。相手との間に信頼関係を築くこと、相手の利害や問題点および認識を浮き彫りにすること、相手に自分がどれだけ優位に立っているかのシグナルを送ること、以上3つである。またこの段階は、第1部で説明した交渉の6つのポイントについて、双方の見解が明らかになる最初の機会でもある。双方ともここで自分の交渉スタイルを示し（ポイント1）、目標を明らかにし（ポイント2）、相手の利害を探り（ポイント5）、利用できそうな基準（ポイント3）や人間関係（ポイント4）あるいはレバレッジ（ポイント6）を試すのである。

相手と情報を交換すれば、「ポイント4」で論じた「相互利益の原理」をどれだけ相手と共有できるかが見えてくる。この段階で「相互利益の原理」を確立できれば、双方共に自信がつき、本題に入ってから成約に至る道のりで、困難が生じても切り抜けることができるだろう。逆にそれがうまくいかなければ、取引を成功させるのは難しくなるかもしれない。

交渉において私達が交換する情報は、やり取りするのに数秒しかかからないものが多い。例えば、「ステップ１」で取り上げた、交差点で出くわした２台の車のケースを思い出してほしい。たいていのドライバーは、視線をちらりと交わすだけで相手の意図や性格を察知し、交差点にどう進入していくかを瞬時に判断するものだ。

もっと込み入った交渉においても同じことである。満足した表情、しかめつら、鋭い質、問を投げかけられて答えに一瞬詰まるなど、ちょっとした言動を通じて多くの情報が双方に伝わっていく。

では、どうすれば相手とうまく情報を交換できるのだろうか。以下に、この段階の３つの主な役割について、順に具体例を挙げながら検証していく。交渉プロセスの中では軽視されがちなこのステージをうまく演出すれば、大きなアドバンテージを手にできることに気づいてほしい。

役割1　信頼関係を築く

情報交換の段階でまず考えなくてはならないのは、交渉の場の雰囲気作りだ。双方の間に信頼関係を築くことである。情報がうまく交換できるかどうかは相手とうまくコミュニケーションがとれるかどうかにかかっており、信頼関係の存在が果たす役割は大きい。

「できるネゴシエーター」は、交渉の初めから、いい雰囲気を作ることに力を注ぐ。アメリカの石油会社オキシデンタル・ペトロリアムのCEO、アーマンド・ハマーは、1960年代の中頃にリビアの石油採掘権をめぐり「アラブ式」の入札を行なった。わざわざ羊皮紙に入札金額を書き、筒状に丸め、リビアの国旗の色である緑のリボンをかけたのである。アラブの文化を学んだこと、それを尊重していることをアピールしたハマーは、首尾よく契約を勝ち取ることができた。

信頼関係を築くのに昔からおなじみなのが、相手との間に共通の趣味や嗜好、経験を見つけて話題にするやり方だ。ワーナー・コミュニケーションズ（のちのタイム・ワーナー）の創業者スティーブ・ロスは若かりし頃、ある小さなレンタカー会社の交渉の手伝いをした。交渉の相手はニューヨーク市周辺に60カ所あまりの駐車場を持つシーザー・キメルだった。レンタカー会社で車を借りた客には、キメルの駐車場に無料駐車させてほしい――。ロスはキメルにそう掛け合うつもりだった。

交渉に入る前に、ロスはキメルのことを徹底的に調べ、キメルが熱心な競馬ファンで、自身も馬主として馬をレースに出していることを知った。ロスも親戚が馬主をしていたことから、競馬については相当の知識があった。

キメルのオフィスを訪れたロスは、部屋を見回して、キメルの馬がビッグレースで表彰されている写真が飾られているのを見つけた。写真の近くに行ってしばし見入ったロスは、やたら悔しそうな声をあげた。「2着に入った馬のオーナーが私の親戚だったんですよ！」

キメルの顔がぱっと輝いた。２人は意気投合し、一緒にベンチャー企業を立ち上げる話まで持ち上がった。計画は実現して大成功を収め、ロスが初めて株式を公開した会社になった。

似た者同士のルール

スティーブ・ロスのとった行動が理にかなったものであることは、社会心理学の分野でも確認されている。心理学者ロバート・チャディーニは、「人間は、知り合いや自分に似ている人の要求にイエスと言う傾向が最も強い」とし、これを「似た者同士のルール」と呼んでいる。つまり、「人は相手の中に、自分との共通点や似ている点を見つけると信頼感が少し増す」ということだ。

羊皮紙が決め手になったアーマンド・ハマーの例からもわかるように、「似ている」点は別に深いものである必要はない。同じクラブや宗教団体に属しているとか、大学の同窓生だとか、外国にいる時には同じ国の出身というだけでも、「似た者同士」の感覚を一時的に呼び起こす場合がある。一時的ではあっても、この共感こそが信頼関係を築くのに必要なすべてだと言っていい。

信頼関係の落とし穴

信頼関係を築いても、片方にだけアドバンテージができるわけではない。というより、そのために信頼関係を築くことがあってはならない。信頼関係を悪用して相手があなたから譲歩を引き出そうとしていると感じたら、警戒した方がいい。

アーマンド・ハマーは、羊皮紙を使ったからといって、石油採掘権の価格を安くしてもらったわけではない。ただ、個人的なコミュニケーションの糸口を作ることで、交渉の本題についての自分の考えを相手にもっと簡単に理解してもらおうとしただけだ。目的は、相手に自分の存在を「知らない誰か」ではなく「はっきり顔のわかる個性を持った人間」として認識してもらうことだった。

口にするのもされるのも気をつけたいのは、あからさまなほめ言葉や相手におもねるような言動だ。そんなものは効果がないばかりか、相手の信頼を失うことにもなりかねない。交渉に臨む当事者は、互いが互いに対して何かを望んでいると知っている。だから、見えすいたおせじには身構えるものだ。

信頼関係を築くのは、情報交換の段階における重要なプロセスである。自分を単なる交渉相手ではなく個性を持った1人の人格として扱ってもらえるのは、誰にとっても嬉しいことだ。

役割2　利害、問題点、認識についての情報を得る

情報交換の段階が担う第2の大きな役割は、相手の利害、問題点、認識についての基本的な情報を得ることである。相手は何者で、何のために交渉のテーブルについているのか。相手にとっては何が重要なのか。交渉に際してどんな準備をしているのか。状況をどう判断しているのか。交渉担当者自身が交渉をまとめる権限を持っているのか――。こうした情報を得ることは、どんな交渉においても極めて重要だ。特に利害関係が大きい場合は、慎重に情報収集をする必要がある。

加えて、自分の準備は万全だったかどうか、相手の利害と問題点について状況分析をもとに立てた予測が正しかったかどうかを検証し、こちらの利害について相手にアピールすることも必要になる。たとえ見込み違いが判明しても大丈夫だ。まだこの段階では失うものは何もない。

では、相手の情報を得るうえでは、どこに一番気をつけなくてはいけないのだろうか。「反面教師」として、情報交換の段階でつまずいたために決裂した交渉の実例を紹介しよう。ここで再登場願うのはソニーの盛田昭夫だ。「できるネゴシエーター」も、時には痛い目にあうのである。

友だちなら訴えない?

1976年9月、ユニバーサル映画と親会社MCAの社長を兼任するシドニー・シェインバーグは頭を抱えていた。ソニーが新製品「ベータマックス」を売り出そうとしていたからだ。現在のビデオの前身であるベータマックスは、視聴者がテレビ番組を録画・再生できる機械だった。

ベータマックスは脅威だった。ユニバーサルは自社の映画やテレビ番組の放映権をテレビ局に売ることをビジネスとしており、収入の多くをテレビ番組や映画の再放送から得ていた。そのうえ、MCAは巨費を投じて「ビデオディスク」の開発を進めている最中でもあった。ビデオディスクは映画を自宅で楽しめるものだったが、録画はできず再生専用だった。ベータマックスが出回れば、視聴者は映画やテレビ番組をただで録画し、好きなだけ再生して楽しめる。視聴者が自宅にテープを持っているなら、テレビ局が高い金を出して再放送権を買うこともなくなるだろう。ビデオディスクを買う人も出てこないに違いない。

「あれ『ベータマックス』は著作権の侵害だ。絶対そうに決まっている」。ベータマックスのことを耳にしたシェインバーグは「絶対に販売させるものか」と言った。

やっかいなことに、当時MCAとソニーはいくつかの共同プロジェクトを抱えていた。さらに、MCAが、ビデオディスクの再生装置の中心メーカーとして考えていたのはソニーだった。

一方、盛田は自分やソニーがやろうとしていることについて、シェインバーグが懸念を抱いているなどとは全く思っていなかった。ソニー側は、２社は協力関係にあると思っていた。

ほどなく、シェインバーグとＭＣＡ会長のルー・ワッサーマン、盛田の夕食会がソニーのアメリカ本社で開かれることになった。３者はビデオディスク計画へのソニーの参画について話し合うことになっていた。ＭＣＡ側は、ビデオディスクについて前向きなセッションを持った後に、夕食会の和やかな雰囲気の中で、ベータマックスの話を出すのがいいだろうと判断した。ソニーとＭＣＡの関係全体に悪影響を与えることなく、ベータマックスに触れるには、それが効果的だと考えたのだ。

話し合いに備え、シェインバーグは、ベータマックスの違法性についての報告を弁護士にまとめさせた。レポートを読んだシェインバーグは、ベータマックスの開発は止められるし、止めなくてはならないとの確信を深めた。そして、盛田に最後通牒を突き付けることで、自分の態度を明らかにすることを決めた。シェインバーグの考えた最後通牒とは、盛田がＭＣＡの懸念を理解して計画を見直すか（ベータマックスの開発を中止してくれれば最高だ）、さもなければＭＣＡがソニーを著作権法違反で訴えることによってベータマックスの開発を阻止するというものだった。

夕食会当日、シェインバーグとワッサーマンは予定どおりソニーのアメリカ本社を訪れ、盛田およびソニー・アメリカのトップであるハーベイ・シャインと会合を持った。４人はビデオディスク計画について、時間をかけて前向きに話し合った。ベータマックスについては誰も触れなかった。

その後、大会議室に場所を移して夕食会となった。会も終わりに近づいた頃、シェインバーグは、上着のポケットからメモを出した。ベータマックスは著作権法違反だという自分の考えを裏づける証拠をMCAの弁護士がまとめたメモだ。あっけにとられているソニーの面々を前に、シェインバーグは「ベータマックスは違法であり、ソニーがベータマックスの生産をあきらめるか、他のものに変えるかしない限り、ユニバーサルはソニーを訴えざるをえない」という主張を展開した。

盛田は驚き、混乱した。つい今しがた協力事業について話し合いを終えたばかりではないか。いきなり訴訟とは何を言い出すのか。

まず、盛田は、ベータマックスがビデオディスクと競合するというMCAの分析を否定した。「そのお考えには納得できません。将来的には、ビデオディスクとビデオレコーダーは共存できるはずです。オーディオ分野ではレコードとテープが共存しているじゃありませんか」

さらに盛田は、ソニーと協力関係にあるMCAが訴えると言い出す意図がわからないと述べた。そして、日本人なら誰でも理解できるたとえを持ち出して説明を試みた。「私達は『片方の手で』握手をしながら、もう片方の手で相手を殴るなどということはしません」。これは、日本のビジネスの基本であると共に自分のビジネスの基本精神でもある、それはアメリカでビジネスする時にも変わらない――。そう盛田は語った。

しかし、シェインバーグとワッサーマンには、反論に耳を傾けたり議論をしたりするつもりはなかった。彼らは弁護士の意見を用意してきたのであり、盛田の主張はその論点を脅かすものではなかった。もはやこれまでだった。

シェインバーグとワッサーマンが帰った後、盛田は「ＭＣＡが本気で訴訟を起こすわけがない」とシェインに断言した。「何年も一緒に仕事をやってきたし、今もビデオディスクの共同プロジェクト話が進んでいるじゃないか。友人なら訴えたりしないものだ」

一方のシェインバーグとワッサーマンも、「ソニーが対策を取らないなら、こちらは全力をあげて戦う」という自分達の思いが伝わったと確信していた。彼らの考え方からすれば、次は盛田が行動を起こさなくてはならない番だった。

だが盛田は動かなかった。それどころか、日本に帰国してしまった。

それからひと月とたたないうちに、ユニバーサルはウォルト・ディズニーらと手を組み、訴訟の準備を始めた。そしてついに11月11日、盛田からの返事がないまま、ユニバーサルとディズニーは、ソニーに対する訴訟に踏み切った。

愕然とした盛田だったが、訴訟を受けて立ち、結局は勝利を収めた。11年の歳月と巨額の費用をかけた末、ソニーにビデオカセットレコーダーを製造・販売する権利があることを認める判決をアメリカ最高裁から勝ち取ったのである。

何がいけなかったのか

このエピソードから、効果的な情報交換のあり方について考えてみたい。シェインバーグは3つの間違いを犯している。準備のできていない相手を急襲することで優位に立てると思ったこと、質問を投げかけたり相手の意見を聞いたりするのではなく自分の情報を伝えることに終始したこと、文化の違いを考慮しなかったことである。

盛田にもミスがあった。自分の範疇で物事を考え、相手の立場に立ってみることをしなかった。相手が何を言おうとしているのか、聞く耳を持たなかったのである。

では、双方の過ちを順番に検証していこう。まず、ベータマックスの問題をいきなり持ち出して盛田を驚かせることで、シェインバーグにメリットはあっただろうか。事前にベータマックスについての懸念を伝え、盛田に準備する時間を与えたうえで対等な話し合いに入っても、シェインバーグに不利にはならなかったはずだ。だが、十分な準備時間を与えたら言い負かされるとでも思ったのか、シェインバーグは盛田を急襲する道を選んだ。

2つ目の間違いは、盛田の利害や論点や認識について知ろうとする意欲が、シェインバーグに欠けていたことから起こった。問題を法的な権利の話だと決めつけ、議論の余地はないとしたことで、シェインバーグは、利害に関するコミュニケーションの窓口を閉ざしてしまった。ビデオディスクとビデオレコーダーは共存できるし相乗効果もあるという盛田の見解をシェインバーグが知ったのは、ほとんど偶然の出来事だった。

３つ目に、シェインバーグには、盛田が、ビジネス関係をアジア的な視点から考えていることが考慮できていなかった。情報交換の段階で相手の情報をうまくキャッチするには、文化や性別、個人による交渉スタイルの違いを頭に入れておく必要がある。

盛田は日本人で、シェインバーグはアメリカ人だ。訴訟に関する考え方は、日本人とアメリカ人とでは大きく違う。日本では、ほとんどすべての契約書に「将来的に意見の相違が生じた場合には、問題解決のために両者は誠実に話し合う」という趣旨の条項が入っている。一方、アメリカの場合は訴訟沙汰になることを念頭に置き、契約にはどんな法律を適用してどこで争議を解決するかが明記された条項が入っているのが普通だ。

アメリカでは年に数百万件の訴訟が起こされる。アメリカ人にとって訴訟は最後の手段ではなく、日常のビジネスの一環なのだ。日本では争いが法廷まで持ち込まれることは珍しい。日本人にとって訴訟を起こすのは、建設的なビジネス関係を葬り去ることを意味する。

最初に調べて、公表は後から

「できるネゴシエーター」は、平均的なネゴシエーターに比べ、情報を与えることよりも受け取ることを重視する。情報交換の段階において肝心なのは「相手の胸のうちを探るのが先、こちらの手のうちを明かすのは後」ということである。

おしゃべりな人は気をつけよう。深い考えもなくこちらのカードをすべて見せてしまい、相手に質問をするのは後回しにしたり、シェインバーグのように全く質問をしなかったりするケースが多いからだ。

ここで再び、イギリス企業の労使交渉の実態を調査したニール・ラッカムとジョン・カーライルの研究に戻ることにする。平均的なネゴシエーターと優秀なネゴシエーターが相手への質問や発言内容の確認にどのくらいの時間を割いているかを比較した研究結果は、以下のようなものだった。

●交渉におけるすべての行動に情報収集活動が占める割合

	優秀なネゴシエーター	平均的なネゴシエーター
情報を引き出す質問をする	21・3%	9・6%
相手の発言内容を確認する	9・7%	4・1%

双方の認識を確認する	7・5%	4・2%
合計	38・5%	17・9%

この結果からわかるのは、優秀なネゴシエーターは、平均的なネゴシエーターの2倍の質問を投げかけていることだ。相手に行なう質問は、この表にあるように大きく3つに分類することができる。

第一に、相手から真の情報を引き出すための質問がある。「いつ配達してもらえますか」とか「そちらの提示額の根拠は何ですか」といったものだ。

第二に、相手の言ったことを確認するための質問がある。「10日とおっしゃるのは、正味10日ということですか、それとも営業日で数えてですか」という類のものだ。

第三に、現在までの状況について双方の認識を確認するための質問がある。「私どもが正味90日分の配送料を支払うこと、そちらは私どもの発注書を受け取ってから7営業日以内に配送すること、この2点について合意した——ということでよろしいですね？」というようなものだ。

質問をして情報を確認すれば、双方が交渉内容について共通の認識を持てるというメリットがある。そうすれば、成約間際になって誤解が判明したのですべてやり直しという危険が減る。

さらに、情報を得る意味で有意義なのはもちろんだが、相手の答えを待つ間に次の動きを考える猶予も与えられる。聞く側に回れば相手の口調やしゃべり方、身振りなどをゆっくり観察しながら考える余裕ができるが、しゃべってばかりではそれだけで精一杯になってしまう。人の気持ちや意見の半分以上が、言葉以外の要素から相手に伝わることを考えると、しゃべり過ぎはいただけない。

誰でも、自分の話を一生懸命聞いてもらえるのは嬉しいものだ。こちらが質問をして熱心に耳を傾ければ、相手は喜んでいろいろしゃべってくれるだろう。そうして相手がこちらに質問したくなった頃には、情報が整理できてどんな答えをすればいいかが見えている……。　こうなれば理想的だ。

「お先にどうぞ」合戦になってしまったら

ここまでの話を実行に移すのは簡単そうに思える。相手にとって何が大切なのかを尋ねる。すると相手が答えてくれる。完璧ではないか。

ところが、そうは問屋が卸さない。交渉において、情報は——ことに自分が欲しい情報は——力である。油断のならない人物は自分の手のうちは明かさずに、まずは相手から利害やニーズについての情報を引き出そうとするだろう。

情報を手に入れることがレバレッジとなるゆえに、交渉の初期段階ではしばしば「そちらがお先に」、「いえいえ、あなたがお先に」というささか滑稽なムードが生まれることになる。そんな例を1つ紹介しよう。

韓国のある企業で、重役レベルの人々を対象にしたネゴシエーションセミナーを開催した時のことだ。非常に複雑な国際交渉を行なう設定にし、臨場感を高めるために相手役としてアメリカの企業トップを招いて、実際に模擬交渉をしてもらった。

相手役を務めたアメリカ人の1人に、表現がオーバーでしゃべり好きな起業家がいた。これまでの交渉では必ず主導権を取ってきたタイプであることは明らかだった。彼を交えたアメリカ人チームと韓国人チームとの間で交渉が始まると、誰も何も言い出さないうちに、彼がいきなり演説を始めた。「さて、あなた方にとって大事な点もあれば、私達にとって大事な点もあると思うんですよ。まずはそちらにとっての肝心かなめの問題をストレートに教えてください。それから、どうしたらお互いにとってベストな取引になるかを考えましょう」

自信たっぷりに言い放ったところをみると、彼はこういう言い方で数多くの交渉を成功させてきたのだろう。韓国チームは、顔を寄せ合って2～3分話し合った。それから、チームリーダーが完璧な英語でこう返答した。「ご提案をありがとうございます。私達も双方にとってベストな取引となることを望んでおります。ただ、申し訳ありませんが、あなたのおっしゃった『肝心かなめの問題』の意味がはっきりわかりません。私達にとってはすべての争点が重要です。そこで、まずそちらの『肝心かなめの問題』を教えてくださいませんか。そうすればあなたのおっしゃった意味もわかりますし、こちらからもお答えできると思います。どうでしょうか」

起業家は不満そうにぶつぶつ言いながら黙ってしまった。

このように、利害や争点に関する質問をして、こちらが欲する答えを得ることはなかなか難しい。交渉において、自分と相手が共に重視している点を正確に見極められないことはよくある。混乱を招く大きな原因の一つは、双方がはったりをかけ合ったり、本当は重視していない点を重視していると見せかけたりして、相手の優位に立とうとするからだ。しかし、行き過ぎたハッタリは、話の流れを双方が望まない方向に導くこともある。十分に注意してほしい。

利害についての情報の流れをつかむには、これは戦略なのだと意識してゆっくりしゃべり、落ち着いて聞くことだ。しゃべる量が少なすぎて損をすることはまずない。口を開く前に、耳をすまそう。「相手の胸の内を探るのが先、こちらの手の内を明かすのは後」ということを心がけたい。

役割3　こちらの目標とレバレッジのシグナルを送る

シドニー・シェインバーグは、盛田昭夫の利害を探るのに失敗した。だが、シェインバーグを責めるのは酷かもしれない。彼は、ＭＣＡとソニーの利害が完全に対立するという結論を、盛田に会う前にすでに出していたわけであり、盛田に質問を投げかけるために話し合いに臨んだわけではなかった。「ベータマックスの開発をあきらめるか、さもなければ著作権法に基づいてロイヤルティを払え。それが嫌なら訴訟を起こす」というメッセージを一方的に伝えに行っただけなのである。

では、このように最後通牒を突きつけなくてはならない事態になったら、どう振る舞えばよいのだろうか。悪い知らせを伝える時の心得として、専門家が口を揃えるのは「早めに」、「はっきりと」、「責任を持って」ということだ。そうすれば、相手も対応策を検討できる。

情報交換のステップが担う3つめの役割は、こちらの目標とレバレッジを相手に伝えることだ。「ポイント6」でも触れたが、交渉におけるレバレッジは事実よりも「相手がどう認識しているか」で決まる。

あなたが強い「原則」のレバレッジを持っていたり、たとえ交渉が決裂しても失うものは少ないという強みがあったりするのなら、情報交換の段階でそのことを相手に知らせる必要がある。逆にそうした強みを一切持っていなければ、その現実のもとに交渉を進めるためのプランを用意しておかなくてはならない。

では、相手より劣勢のとき（レバレッジが弱い場合）と優勢のとき（レバレッジが強い場合）

に分けて、そのことをどう知らせたらよいか、考えていこう。２３３ページの図は、レバレッジの強さと交渉スタイル別にシグナルの送り方をまとめたものである。これも参考にしてほしい。

レバレッジが弱いとき

レバレッジが弱いときは、「私が引いたら次はないかもしれませんよ」と訴える作戦をおすすめする。こちらの立場が弱くても、「ここで契約を済ませて将来のリスクをできるだけ減らす方がいいのではないか」という相手の不安に訴えることはできるわけだ。相手にとってみれば、ここで契約を決めてしまえば、取引相手を探し続けることで生じる出費を抑えることにもなる。これは強いシグナルではないが、自分の状況について嘘をついたりごまかしたりする必要はなくなる。

弱い立場にありながらハッタリをかけるやり方は、ときに大成功することもあるが、交渉決裂の可能性もまた大きい。よほど腕に自信のある強気のネゴシエーターでない限り、ハッタリをかけるのはやめて、「契約をいま結んでおく方が得なのでは」ともちかけることが賢明だ。

こちらの立場が弱いことが明らかで、それを相手も承知しているのであれば、直接会う機会を作るなど交渉をできるだけ「個人対個人」の関係に持ち込んで話を進めるのも一計だ。明らかな優位にある人は、相手の強がりを嫌うことが多い。

レバレッジを示すシグナルの送り方

自分が持っていると認識しているレバレッジ（横軸）／**どんな姿勢で交渉したいか**（縦軸）

	強い	弱い
強硬に	◆自信を持って要求を出し、はっきりと脅しをかける ◆交渉が決裂してもかまわないことを示し、あとは相手の判断に任せる	◆「次はないかもしれない」とアピールする ◆はったりをかける（弱い立場にあるのに強く見せる）
柔軟に	◆よい関係を築くために尽力していることを示す ◆懐の広さを見せる	◆相手の優位を認め、よい関係を結べば将来のメリットにつながると強調する ◆相手の共感を得る「あなたが私ならどうなさいますか」と尋ねる

したがって素直に相手の優位を認め、「良好な関係が築ければお互いにメリットは大きい」と強調する方が効果的な場合もある。「ポイント1」で紹介したＨＢＪのジョバノビッチの例がまさにそれだ。スミスの優位を素直に認めたジョバノビッチの態度によって協力的なムードが生まれ、そのことが契約の成立に良い影響を与えた。

何をやってもだめなら、相手の同情にすがる道もある。「もしあなたが私と同じ立場だったらどうなさいますか」と相手に尋ねてみよう。「『イエス』と言っていただくにはどうすればいいですか」と、相手にすべてをゆだねる聞き方をしてもいい。相手の返事の中に、案外あなたのレバレッジとなる材料を見出せるかもしれない。

レバレッジが強いとき

2つのやり方がある。自分の優位をアピールして有利な契約を求めていくか、強い立場はアピールするものの、将来にわたって良好な関係を築くために柔軟に対応する用意があることを示すか、どちらかだ。

では、尊大になったり攻撃的になり過ぎたりすることなく、自分の優位をアピールするにはどうしたらいいのだろうか。この点については、ＭＣＡのシェインバーグが素晴らしい「反面教師」になってくれる。

シェインバーグが、盛田との話し合いで有効なレバレッジを手に入れられなかったのは、「いざとなれば訴訟を起こす」という脅しを相手に信じてもらえなかったからである。その結果、誤解が生まれ、ビジネスの関係にもひびが入り、11年におよぶ法廷闘争という泥沼を招くことになった。

何度も言うが、脅しは危険なテクニックである。脅された側が反発を感じ、対話の窓口が閉ざされてしまうからだ。だがシェインバーグがとった戦略が正しかったと仮定した場合、彼はどんなふうに脅しを切り出せばよかったのだろうか。

まず、盛田に対して中途半端な対応をしたのはまずかった。夕食会で親しく話をしている最中に「ところで」とベータマックスの話を切り出されたことで、盛田は混乱した。著作権法を盾に押していくと決めたのなら、ベータマックス問題を話し合うためには別の機会を設け、盛田にも弁護士を呼ぶように伝え、正面からぶつかっていくべきだった。

訴えるかもしれないと言った後で、「法廷で解決しますか、それとも他にこの問題をビジネスライクに解決する方法があるでしょうか」と言うこともできた。シェインバーグは、アメリカのビジネス社会では訴訟も珍しくないということを盛田に教えるべきだったのだ。

優位に立っているのはこちらだとアピールしているのに、相手が「競争志向」の人間で、こちらの言うことに耳を貸そうとしない場合はどうしたらいいのだろうか。最も効果的だとされているのは、「似た者同士のルール」を使うことだ。

前にも述べたが、人は自分に似ていると思う相手には好意的な反応を返す傾向がある。最初から強い態度に出るのである。すると相手も、最終的にはあなたに一目置くようになる。そこで、ドナルド・トランプは、自分のような「競争志向」の人間への対処法としてこうアドバイスしている。「『競争志向の人間』を落としたい場合は、とことんやり合って相手を言い負かすのも一計だ。こっちがわめきちらす。相手もわめきちらす。気がつけば契約成立だ」

そんな方法を性格的にとても実行できないという人は、強気な人に代理になってもらってもい い。実行する価値はある。

それでは、もう1つのやり方について考えよう。優位に立っているものの何らかの理由で強い態度はとりたくない、柔軟な態度で臨みたいという場合は、どんなシグナルを送ればいいだろうか。

このケースでは「ポイント4」で紹介したモルガンとカーネギーのエピソードが手本になる。カーネギーが、1万ドル分を勘違いして契約してしまったのに対し、モルガンは小切手を2枚渡してカーネギーのミスをカバーした。こうして2人は将来にわたる友好関係を築くことになった。

モルガンが見せたのは、自分が優位に立っているのにあえてそのカードを切らないという方法である。このやり方でいく時は、「切らないことにしたカード」がどんなものかを相手に示しておく必要がある。別に、尊大な態度をとることはない。淡々と示せばいい。

交渉は、人間同士のコミュニケーションだ。だから、いい関係にある人同士は相手から搾りとれるだけ搾るような真似はしない。お互いにフェアに交渉するものだ。こうした態度は、立場が逆転した時に必ず意味をもってくる。

ステップ2　これで王手！

情報交換の段階は、交渉の当事者が顔を合わせたうえでまず通過する重要なステップである。

ここには大きく分けて3つの役割がある。信頼関係を築くこと。双方の持つ利害、問題点、認識を浮き彫りにすること。レバレッジを示すシグナルを送り合うことである。

情報交換のやり方は、状況によって違ってくる。人間関係よりも利害関係が重視される場合は、より戦略的にやり取りすることになるだろう。「取引重視型」の交渉では強気で交渉を開始し、ハッタリをかけることもあるだろうし、「人間関係重視型」の交渉では信頼関係を築くことに最も力を注ぐことになるだろう。状況に関係なく、当事者の属する文化が問題になることもある。

入手したさまざまな情報を踏まえて、どちらかが具体的で妥当な提案を持ち出したら、情報交換のステップは終了だ。いよいよ本題に入ることになる。

上手に情報を交換するためのヒント

●相手との信頼関係を築こう
●相手の利害、問題点、認識についての情報を集めよう
　鉄則は「相手の胸の内を探るのが先、こちらの手の内を明かすのは後」
●自分のレバレッジについて相手にシグナルを送ろう

ステップ3　本題に入る時は、この手でいこう

互いに譲り合うことなしに、社会で生きていくことはできない。
サミュエル・ジョンソン

いよいよ本交渉に入る時が来た。気の弱い人にとってはドキドキする瞬間であり、負けず嫌いの人にとっては血わき肉踊る瞬間だ。

ここでは、頭を悩ませるポイントがたくさん出現する。こちらが具体的な提案を先に出す側に回るべきなのだろうか。だとすれば、理にかなった線でいくべきなのだろうか、グッと強気でいくべきだろうか。譲歩をする時はどうすればいいのだろうか。まず強気で交渉してだんだんと柔軟な姿勢になるべきか、それともソフト路線で始めて途中から態度を硬化させた方がいいのか……。

「ステップ3」ではこうした疑問を検証する。実戦に活かせるヒントがたくさん見つかるはずだ。

交渉戦術のいろいろ

本交渉ではさまざまな戦術が活用される。もちろん、どんな戦術をとるべきか、状況によって違ってくるし、何より相手がどんな交渉スタイルをとるかを考慮に入れなくてはならない。状況から見てソフトなアプローチがいいように思えても、相手が「競争志向」の人なら一時的に強い態度に出る必要が生じることもある。

本交渉が始まるのは、交渉のテーブルについた当事者のどちらかが具体的で妥当（少なくとも本人にとっては）だと思われる提案を出した時からだ。その後、双方が提案や反論のやり取りをしながら多彩な戦術を繰り広げることになる。ここでは、誰もが使うであろう３つの戦術を紹介しよう。

戦術1　口火を切るべきか否か

まず、具体案を出す時に、口火を切る側に回るか、相手に先に言わせた方がいいのかという問題を考えてみたい。専門家の大半は「決して口火を切る側に回ってはいけない」と言う。

こんな例を紹介しよう。１９４０年代、ビリー・ワイルダーが、映画『深夜の告白』の脚本をレイモンド・チャンドラーに依頼しようとした時のことだ。チャンドラーは、ハリウッド映画の脚本を書いた経験はなかったが、前向きな姿勢を見せた。そして初めてワイルダーとプロデューサーのジョー・シストロムに会った時、チャンドラーは報酬について自分から「週に１５０ドル欲しい」と申し出た。また、書き上げるには2～3週間かかるかもしれないが構わないかと念を押した。

面白がったのはワイルダー達だ。２人は、チャンドラーに週７５０ドルを支払うつもりでいたうえ、映画の脚本の完成には通常数カ月がかかることを知っていた。これがもし「取引重視型」の交渉だったなら、チャンドラーは大損をしていたところだ。

だが、ワイルダー達は、才能あるチャンドラーとのこれからの関係を大切にしたいと思っていた。そこでチャンドラーにエージェントをつけてやり、交渉を一からやり直して話をまとめたのだった。

映画といえば、ビートルズのマネージャーだったブライアン・エプスタインも、ビートルズの初の主演作『ビートルズがやって来るヤァ！ヤァ！ヤァ！』の興行収入の配分についての交渉で、同じようなミスを犯している。チャンドラーと同じくエプスタインも業界の常識を知らず、自分ではふっかけたつもりで、「興行利益の7．5％」をよこせと主張した。プロデューサーはあわてて「イエス」と答えた。実は、プロデューサー側は最高で25％までは払う心づもりだった。映画はヒットしたが、ビートルズは大きな利益をみすみす逃したことになる。

この2つのエピソードを考えると、専門家が「口火を切るな」と言うのもうなずける気がする。相手に値段を言わせ、もし法外なものだったらその場で文句をつければいいではないか。もしかしたら予想外に高く売れたり逆に安く買えたりして、嬉しい誤算が生まれる可能性もある。

しかし、どんな交渉においても、絶対に口火を切ってはいけないのかというと、そうではない。もう一度、チャンドラーとエプスタインの例で考えてみよう。

両者に共通する最も重要な点は、どちらも業界の常識を知らなかったということだ。事情に疎いなら、相手が条件を切り出すのをじっと待っているべきだった。

ところが口火を切ったにもかかわらず、チャンドラーの交渉は成功した。それはこの交渉が「人間関係重視型」であり、チャンドラーがきちんと報酬をもらうことが「双方にとって利益」となったからだ。つまり、相手が人間関係を軍視していることがわかっているなら、こちらから口火を切っても大丈夫なのである。

では、他にも口火を切っていいのは、どんな状況にあるときだろうか。相手が成約を強く望んでいるという情報が入っていたり、相手が好意的に交渉を進めてくれたりすることに確信が持てるときだ。

実際、先に動くことには大きなメリットもある。数百もの中小企業の売買に成功してきたある起業家は、どんな交渉でも自分から値を切り出していた。その理由は、「先に具体的な価格を出せば、それで交渉の範囲を決めることができる」からだという。

たしかに、先に具体的な数字を出せば、成約に近づくための現実的な交渉の範囲を自分の思うように設定しやすくなる。こちらの数字を聞いた相手は、考えていた目標を修正せざるをえなくなるかもしれない。

また、人間は初めに目にした数字に影響を受ける傾向があることが、心理学の研究からわかっている。例えば、「8×7×6×5×4×3×2×1＝？」という数式を数秒間見せられた人は、答えとして非常に大きい数字を思い浮かべるケースが多い。だが、「1×2×3×4×5×6×7×8＝？」という数式を見せられた人は、前のケースで出た答えよりもずっと小さい数字を思い浮かべがちだという。2つの数式の答えは全く同じはずなのに、なぜこのような違いが生じるのだろうか。

それは私達が、目に飛び込んできた初めの3つか4つの数字に意識を集中させ、そこから全体を推定しようとするからである。交渉においても同じことだ。相手の出してきた最初の提案があまりに法外なものでなければ、無意識のうちにその数字を基準にして物事を考えてしまうのである。

自分の方が相手よりも市場や業界をよく知っているという自信がある時は、口火を切っても構わない。いま一つ情報量に自信がない時には、相手に先に行かせよう。ただし、第一印象で人間を縛る数字のマジックには気をつけることだ。

戦術2　強気の提示をするか、妥当な線でいくか

どちらが口火を切るにしても、遅かれ早かれ自分の提案をする時はやってくる。その時は強気の要求を出すべきだろうか。それとも公正で妥当な要求をするべきだろうか。

これは状況次第だ。「人間関係重視型」の交渉なら公正に、むしろ相手に歩み寄るくらいの提示で始めるのが正解だろう。

では「取引重視型」の場合はどうだろう。こちらがある程度、強いレバレッジを持っているなら強気で踏み出した方がいい。強気で始めて徐々に譲歩していくという戦略がベストである。特に、当事者同士が直接顔を合わせない場合（家の売買のようにブローカーを通じて行なう取引など）には、この戦略がよく使われる。

「強気」とは具体的にどの程度をいうのだろうか。私は、「人前に出せるだけの論旨を組み立てられる基準や理論によって、裏付けられる範囲内での最高の提示内容」と考える。

ならば「強気」と「法外」の違いはどこにあるのか。「法外」とは、客観的な裏付けが何もな

い提示だ。逆に、何らかの基準を最も好意的に解釈したのが「強気」の提示である。

強気の提示をすると、心理的に2つの面で有利になれる。「比較の原理」と「相互利益の原理」が働くからだ。

まずは「比較の原理」について考えてみよう。最低50ドルで売りたい商品があるとする。以前に75ドルで売れた商品なので、その旨を買い手へ伝え、最初の提示額を75ドルにする。そして交渉の末、最終的に50ドルまで値を下げたら、買い手は最初の額と比べて満足するはずである。しかし、以前に売れた時の価格には触れず、最初の提示額を55ドルにし、結局はたったの5ドルしか引かずに50ドルで話をまとめたとすれば、買い手は「得をした」とはあまり思わないだろう。

つまり、強気の（でも法外ではない）提示で交渉を始めれば、最終的な妥結額に近づいてきた時に、相手がほっとして満足する度合いが大きい。喜んで「イエス」と言ってもらえる可能性も高まる。

この「比較の原理」はあちこちで効果的に使われている。1000ドルのソファを買った時に、「プラス75ドルで布の張り替えサービスを承りますが」と勧められたり、3000ドルのパックツアーを申し込んだ時に、「150ドルの旅行保険もご一緒にいかがですか」と言われたりするのは、売る側がこの原理を利用しているからだ。こうした「プラスアルファ」は、本体に比べれば安く思えるが、実はその「プラスアルファ」だけを目的にして本気で探せば、もっと安く手に入る場合が多い。だからこそ、売る側は客が店を出る前に「プラスアルファ」を買わせようと躍起になるのである。

もう一つ、同じくよく使われるのが「相互利益の原理」だ。例えば、相手が強気の提示で口火を切り、こちらが却下したとする。そうすると、次に相手が大きく譲歩してきた場合、こちらも相手にきちんと応えなくてはならない、譲歩してもらったのだから受け入れなくてはというプレッシャーを感じることになる。

この原理を利用した「強気の提示→却下→譲歩」というアプローチは、ビジネス上の取引だけでなく、あらゆる「お願い」をするときにも効果がある。頼み事をして取り合ってもらえなくても、「恵まれない子供達の面倒を1日見る」のがだめなら、「午後2時間だけ動物園に連れていく」のはどうだろうかとか、「明日から禁煙」してほしいけれど無理なら「明日から1カ月だけ禁煙」してみない、などと言ってみてはどうだろう。

まずは、非常に負担の大きいことをお願いし、拒絶されたら妥当に思える線で、再度お願いするというアプローチをとると、交渉は成功しやすい。不思議な話だが、相手に一度「ノー」と言わせることが「イエス」を引き出す力となるのだ。

強気で切り出すときはここに注意

「取引重視型」の交渉ならいつでも強気で切り出すのがいいかというと、そうとは限らない。次のような場合は注意が必要だ。

こちらにレバレッジがない（弱い）場合

こちらにレバレッジがなく相手もそのことを知っている場合、強気は禁物だ。例えば、「氷河期」に就職活動をしている学生は、面接時に、給料の希望を尋ねられても高い額を切り出してはいけない。買い手市場の就職戦線で強気に出ても、会社に敬遠されるだけだ。

相手に「その気」がない場合

何らかの理由で、相手から譲歩が全く望めないケースもある。例えば、ある経営コンサルタントは、仕事の依頼があった時には、まず料金を告げ、その額でいいなら成約、だめなら話は受けないことを原則にしている。業界ではそれが通例らしい。つまり交渉の余地はないわけである。

なぜなら、コンサルタントの提示する料金は、自分の評判や仕事の質なども含めた顧、客へのメッセージだからだ。顧客は複数の可能性をあたって料金を比較し、自分の求めるレベルのコンサルタントを選べばいい。

単なる「取引重視型」の交渉ではない場合

交渉の状況が単なる「取引重視型」ではなく、ある程度の人間関係も重要な「バランス重視型」の様相を見せた時は要注意だ。最初から裏付けもなしに強気な提示をし過ぎると、うまくいかなくなることが多い。

例えば、企業買収のプロであるウェイン・ホイジンガは、「まず安い買い値をつけて、相手とさんざん交渉した挙句、妥当な線まで上げていく」という方法はとらないという。そのかわり、初めから予定額のプラスマイナス5％から10％の範囲で提示をし、交渉ではもっぱら価格以外の点について話し合う。彼は「値切り屋」ではないのだ。

このようなスタイルをとれるのは、ホイジンガが入念な下調べをし、買収しようとする企業の価値について売り手をしのぐほどの知識を得ているからである。ホイジンガはまた、売り手の心理も考えている。売り手は人生をかけてきたビジネスを売ろうとしているのだ。安い値をつけては売り手のプライドが傷つく。ホイジンガは買収後も、もとの所有者にはなるべく経営陣に残ってもらう方針をとっている。それゆえに、利害関係と同じくらい人間関係を重視しているのである。

戦術3　どう譲歩すれば効果的か

初めから妥当な線で提示をするつもりでも、交渉の過程である程度は譲歩できる余地を残しておいた方が、結局はあなたのためになる。譲歩が必要になる時は必ず訪れるからだ。

１９９０年代前半、「アメリカ人は値切り交渉が嫌いなのではないか」との判断から、全米約２０００の自動車ディーラーが、新車を初めから正価で販売する「値切りなし方式」の採用に踏み切った。車を買うという行為を、「プレッシャーのかかる精神衛生に悪い一大事」から「気軽な買い物」にしようとする試みだった。ところが、１９９６年には「値切りなし方式」を採用したディーラーのほぼ半分が方針をもとに戻しており、これから戻す予定というディーラーも大勢いた。

理由の一つは、予想されたほどアメリカ人は値切ることが嫌いではないという事実が判明したからだ。また、「値切りなし」と言われると、価格を割高に感じたり、不当なのではないかと疑う客が多かった。値切るのにどれだけ苦労したかを知人にしゃべることで得られる満足感も、客は必要としていたのである。

譲歩については、こんな実験がある。①高い額を提示して譲歩しない、②妥当な額を提示して譲歩しない、③高い額を提示し徐々に譲歩して妥当な額にする、という3つの方法で同じ交渉を行なうと、③を採用した場合が、一番うまくいったという。③の方法で成約したケースは、①や②で成約したケースよりも利益が大きかったうえ、相手の満足度も高かった。

譲歩という行為は、協力の意思があることを雄弁に語ってくれる。こちらが譲歩するということは、相手の要求に正当性があることを認め、自分の要求をある程度は犠牲にしてでも双方の合意点を探りたいという意思を示すことになる。

状況別・譲歩の仕方

譲歩の必要性がわかったところで、状況に応じた譲歩のしかたを考えていこう。「ステップ1」でとるべき戦略を状況別に紹介した図7‐2（198ページ）をもう一度、振り返ってほしい。

暗黙の協調型

「ステップ1」で紹介した交差点の例を思い出してみよう。この状況では不必要な争いは避け、どうしても衝突する場合はこちらからさっさと譲歩するのが得策だ。それでも事態が動かない場合（「お先にどうぞ」と言っても相手が先に行かず譲り合いが続くなど）、必要であるならば、こちらから先に動いてしまおう。

人間関係重視型

この状況では、相手に便宜を図ることを念頭において譲歩するのが良い。アインシュタインが、高等研究所に招聘された例からもわかるように、大事なのは、相手が何を望んでいるかをつかみ、その望みにおまけをつけて相手に与えることだ。いくらかかるかは問題ではない。

相手が率直な希望を明かさないので何かしてあげたくてもできないという場合は、こちらが犠牲を払う形で妥協をし、犠牲を払ったことが相手にはっきり伝わるようにすればいい。肝心なのは、相手に有り難く思ってもらうことである。

これは簡単そうに思えるが、「競争志向」の非常に強い人にはなかなか実行しづらい手だろう。交渉をゲームと考え、相手を信頼せず、ましてや相手に便宜を図るなど思いもよらない人種だからだ。そういう人は、人あたりのいい人間の助けを借りよう。

相手が「競争志向」の強いタイプで困るという場合は、ユーモアのセンスを活かして対処しよう。同時に、人間関係の価値を理解しない相手と交渉を続ける意味が本当にあるのか、考え直そう。

取引重視型①「パイの分け方」が問題になる場合

利害関係が重視される交渉には、しっかりした譲歩戦略を持って臨みたい。専門用語では、単なる値切り交渉（決まった大きさのパイの分け方を決めるもの）を「配分的交渉」というのに対して、もっと複雑な駆け引きが行なわれる交渉（利害や優先事項を組み合わせてパイ自体を大きくしようとするもの）を「統合的交渉」と呼ぶ。それぞれのケースごとに、譲歩戦略を考えてみよう。

まず、値切りの鉄則は「強気で始め、そのまましばしもちこたえた後で考えてもいいという意思を見せ、少しずつ譲歩して自分の目標とするレベルで成約する」ことだ。ここで気をつけたい点が1つある。値切るのがうまい人は、当初は譲歩してもなお目標より高い金額を提示しているのであり、最初の譲歩額が下限ラインではないのである。

交渉を繰り返して譲歩の幅がだんだん小さくなってくると、買い手は「譲れないラインに近づいてきたな」と考える。値切りの達人はそこを逆手にとって、現在の提示額はまだ目標値より高めであるにもかかわらず、それが下限ラインだと買い手に思い込ませようとするのである。

そこで、早い段階で売り手が提示してきた譲歩案には首を横に振ろう。そうすれば相手はしばしば譲歩を続け、本当の下限ラインが見えてくる。

実戦練習として、中古家具店や「のみの市」など、値切るのが常識の場所で値切ってみよう。

買いたいものを見つけたら、非常に安い、けれど法外ではない価格を提示する。売り手に譲歩させ、こちらも少しだけ歩み寄る。途中で現金やカードを見せて、単なる冷やかし客ではないことも示そう。

あとは、売り手が「これ以上は絶対にまけられない」と「ノー」の意思表示をするまで譲歩を迫る。「ノー」と言われたら上品に、しかし決然と、出口へ向かって歩き出す。すると半分くらいの確率で売り手はあなたを引きとめ、もっと譲歩してくるだろう。ここでまだ交渉を続けるか、その価格で手を打つかはあなた次第だ（ただし、売り手にもプライドがあることをお忘れなく）。

もっと重要な、利害関係の大きな交渉においては、「いきなり大きな譲歩をしない」ことも鉄則だ。早い段階で大きな動きをすると、相手を混乱させるからである。

例えば、あなたが小さなレンタルビデオ店のオーナーで、自分の店を大規模チェーンに売る交渉をするとしよう。売却後は、あなたはこの店の経営には関わらない。あなたにとって大切な争点は、「買い取り価格はいくらか」、「現金で支払ってもらえるか」、「いつ成約するか」の３つだ。一方、相手はこの3点について、「低い価格」、「支払いはすべて株券」、「成約には時間が必要」と言ってきた。

さて、ここであなたができるだけ早く有利な契約をまとめたいと考えて、いきなり下限ラインまで降りてしまったらどうなるだろうか。「価格は自分と相手の希望額との中間（実際の下限ライン）」」、「支払いはすべて株券でいい」」、「成約は2カ月後でどうか」と申し出るのだ。

すると、相手はきっと「価格は双方の中間よりもずっと低い額」で「成約はずっと先」と主張したまま、あなたが譲歩した支払い方法の件については触れさえもしないだろう。あなたは不満だろうが、こうなってしまったのには理由がある。いきなり大幅な譲歩をした時点で、あなたはいくつかのメッセージを相手に送ってしまったのである。

1つ目は、「私はどうしてもこの契約を結びたい」というメッセージだ。これで相手はレバレッジを手にし、価格はもっと下げられると踏む。それなのに、初めは大幅に譲歩したあなたが価格に関しては態度を硬化させれば、相手は第一印象とのギャップの大きさに価格の目標をどこに置けばよいか混乱するだろう。下手をすれば交渉決裂になる可能性もある。

2つ目は「譲歩した点は私にとって重要ではない」というメッセージだ。「支払いのすべてを株券で」という相手の提案にすぐに同意するのは、あなたがその件に満足しているという意味になる。「現金はいりません」と意思表示しているも同然なのだ。だからせっかく譲歩をしたつもりでも、相手は感謝してくれない。

相手はきっと、あなたが現金にこだわるのではないかと心配していたはずだ。だから「全部を株券で」という提案をのませるために、買い取り価格に上乗せしたり一部を現金で支払うという提案をしてくる可能性もあった。だが早々と譲歩してしまったのでは、そんな可能性も消えてしまう。

「競争志向」の強い相手なら当然こちらの譲歩をうまく利用するだろうし、「協力志向」の相手でさえも目標を引き上げて攻めてくるはずだ。何の意見も述べることなく譲歩をすれば、相手はその問題があなたにとって価値がないと考える。それゆえ「譲歩をした」という行為自体も意味がなくなってしまうのである。

取引重視型②「いかにパイを大きくするか」が問題になる場合

利害関係の大きい交渉は、単純な値切り合戦に終始するのではなく、争点のやり取りが絡むものだ。こうした「統合的交渉」において、争点を1つずつ解決していくのには無理がある。なぜなら、相手が全く譲歩できない争点が出てくる可能性があるからだ。さらに、重視する争点がお互い違う可能性もある。こちらは交渉期限を気にしているのに、相手は支払いが現金か株かを気にしている場合、それぞれの点について個別に押し問答をしていたのでは建設的な解決法を見出せなくなる。

統合的交渉で一番大事なのは、双方にとって最も重要な利害やリスクをはっきりさせたうえで譲歩し合うことだ。鉄則は、「こちらにとってそれほど重要ではない点では大きく譲歩し、最も重要な点ではほとんど譲らない」ことになる。ただし、譲歩したことで相手に「この点は先方にとって価値がない」と思われないよう、どんなに瑣末《さまつ》な点について譲歩する時でも、「非常に大きな犠牲を払った」というアピールはしておきたい。

譲歩の仕方としてはまず、双方がそれぞれの争点について、妥当な範囲内で精一杯の高い目標を掲げる。そのうえで、さほど重要ではない争点に関しては徐々に柔軟な姿勢を見せていけばいい。

この「徐々に柔軟な姿勢を見せる」プロセスは重要である。それぞれの争点の優先順位について、相手と重要な情報を交換することになるからだ。どの争点については話が進み、どの争点については膠着状態であるかを観察しよう。そうすれば、相手にとって何が一番大切なのかがわかる。

あらゆる争点についての議論が一段落したら、「パッケージ取引」という形で争点のやり取りに入ろう。それぞれの争点についての要求をまとめたパッケージを提案し合うのである。相手の要求のうち、自分にとってあまり重要ではない争点については、「大変難しいが何とかしよう」というポーズを見せながら譲歩するが、重要な部分については譲歩しない。相手も同じことをするはずだ。これを数回繰り返すと、相手が最も重視している争点が見えてくる。

ポイントは、争点をまとめて取り扱い、すべての点で合意しない限りそれぞれ個別には成約しないことだ。こうすれば柔軟に対処できる。交渉が進んでからそれぞれが重視している点についての話が行き詰まってしまっても、もう一度パッケージ全体を見直して、違う組み合わせを考えることができる。

決め台詞はこれだ。「もしそちらが争点AとBについてこちらの要求をのんでくれたら、争点XとYについては譲歩を考えてもいい」

こう言えば、こちらの譲歩は必ず相手の譲歩とセットになる。もちろん、争点AとBはこちらにとって重要なものであり、争点XとYはそれほど重要ではないものだ。双方が共に重視している点については、最終的に「値切り交渉」をする必要が出てくるが、それほど重要でない争点については、さほどコストをかけずに譲歩し合うことができる。

では、先ほど例としてあげたレンタルビデオ店の売却話に戻って考えてみよう。ここで統合的交渉をするとどうなるだろうか。

まず、最初の提示は「買い取り価格は高く」、「支払いは全額現金で」、「成約は早急に」と強気でいく方がいい。その後、価格については譲らないまま、支払い方法については柔軟な姿勢を打ち出して価格のつり上げを試みる。「もし買い取り価格を私の希望額まで引き上げてもらえるなら、支払いの一部は株で、２ヵ月後に成約するという線で考えてもいいですよ」

すると、売り手はこう返してくるかもしれない。「支払い方法の点について柔軟な姿勢を示してくださったことは有り難いですが、そちらのおっしゃる価格で成約というわけにはいきません。

しかし、もし買い取り価格の全額を株で支払うことに同意してくださるのなら、価格を5％引き上げましょう。さらに、別件で顧問契約を結び、6カ月間にわたってある程度の現金をお支払いするということもできますが」――こうして交渉は進んでいくものだ。

バランス重視型

利害関係と人間関係がほぼ同じくらい重要な意味をもつ「バランス重視型」の交渉をする時は、さまざまな戦術がとれる。できるだけ多くの争点に取り組み、双方が「公正な分け前」にありつけるように配慮し、仕事上での良い関係を維持することを目指そう。

この状況では利害関係も重要になるので、高い目標を掲げて交渉に臨むべきだ。まずは、自分にとって重要でない点からゆっくりと考え、譲歩にあたっては統合的交渉の決め台詞「もし○○してくれるなら○○してもいい」を使おう。あらゆる点について一方的な取引にならないように注意しよう。

人間関係も重要であることを考えると、攻撃的で頑なな態度に出たり、嘘をついたり、罠にかけようとするのは得策ではない。感情的なしこりが残る恐れがあるからだ。互いの要求の裏にある真のニーズをしっかりと見極め、建設的で想像力に富んだ問題解決方法を見出したい。

前述のレンタルビデオ店の売却交渉で、大手チェーンは契約成立後も最低1年はあなたに店長として残ってほしいと強く願っているとしよう。相手が安く買い取りたいと思っていることに変わりはないのだが、この場合は単に店を買いたいだけでなく、あなたとの人間関係も重視して交渉することになる。そうなると、相手の譲歩の仕方はどう違ってくるだろうか。

相手は、価格をめぐって泥仕合を繰り広げることで、あなたとの関係に傷をつけるのは避けたいと思っている。したがって、たとえ価格に関して強気の提示をしてきたとしても、「希望に応じて交渉する余地は十分にある」点をはっきり打ち出してくるだろう。また、争点の優先順位やニーズについても情報交換の段階でより詳しく示してくるはずだ。

本題に入る時は、いくつかの異なったパッケージを同時に提案し、どれがいいかをあなたに尋ねてくるかもしれない。そうなれば、あなたも、「双方の中間の価格」、「支払いはすべて株」、「成約はずっと先」というパッケージよりも「安い価格」「支払いは現金と株を半々で」「成約は早く」の方がいいという具合に主張できる。

詰めの段階では、相手はあなたとの将来の関係を考えて、例えば、ある時点になったら行使できるストックオプションを与えるなどプラスアルファの申し出をしてくる可能性が高い。こうした「ボーナス」を提供することで、やる気をかきたてる効果を狙えるからだ。

このように、「バランス重視型」の交渉では、「問題解決型」の交渉スタイルをとるのがベストだ。目の前の取引に関しても、将来を見据えた人間関係においても、「パイを大きくする」チャンスがあるからである。実際のところ、もし双方に強い信頼関係があるなら、譲歩が全く行なわれない可能性もある。両者はむしろ、互いのニーズを満たす全く新しいアイデアをひねり出すことに多くの時間を割くことになるだろう。

「問題解決型」の交渉スタイルをとる人は、対立を利用して交渉を進める能力を持っている。なおかつ、その交渉が個人レベルのいさかいになることがない。

「善玉・悪玉」戦術について

最後に、「競争志向」のネゴシエーターが、頻繁に使う「善玉・悪玉」戦術について触れておきたい。相手側のある人物に対しては好感を抱き、別の人物に対しては「消えてくれないかな」と思うような時は、この術をかけられている可能性がある。また、相手が交渉の場にはいない人物を「悪玉」として引き合いに出し、「あなたの提案に私は納得しているのだが、うちのボスは納得しそうにない」と言い出すような時も要注意だ。

「善玉・悪玉」戦術は、これまでに紹介してきたさまざまな人間心理を利用したものである。典型的なパターンで説明しよう。

まず、本交渉に入る前に「善玉」が、信頼関係を築こうとするかのような友好的なムードで双方の利益の共通点や目標について話をする。「似た者同士のルール」を利用してくすぐるわけだ。

ところが、いざ本題に入ると「悪玉」が登場してくる。そして法外な提示をしたりこちらの提示を攻撃したりと強い姿勢を示す。こちらとしてはびっくりして交渉が決裂するのではないかと心配になり、「どこで譲歩しようか」と考え始める。実はそれが「悪玉」の狙いなのである。「悪玉」がどうしても譲歩しないので「交渉決裂もやむなし」と思うころ、今度は「善玉」が交渉に戻ってきて、「悪玉」に譲歩を勧める。「善玉」は「相互利益の原理」を推し進める人物として、いよいよ好ましく思えてくる。感激したこちらは、要求のギャップを埋めるために何をすればいいのかについて、「善玉」のアドバイスに耳を傾けようとするわけだ。

ここでは「比較の原理」も働いている。「悪玉」に比べれば「善玉」は「分別のある、好感の持てる人」に見えるのである。そのせいで、「善玉」に対しては簡単に譲歩してしまいがちだ。

相手がこの戦術できたら、はっきりこう言おう。「善玉と悪玉に役割分担して交渉を進めていらっしゃるようですが、フェアな契約ができるように、もっと公明正大なやり方で交渉したいのです。ここから先に話を進める前に、どなたが何に対する決定権を持っておられるのか教えてくださいませんか。契約を結ぶ権限のない方とは交渉できません」

交渉の場で相手の戦術をはっきりと指摘し、誰に決定権があるのかを明確にするよう要求するのである。「悪玉」が弁護士やアドバイザーの場合は、交渉の場から出ていってもらおう。決定権を持つキーマンと交渉したいと主張することだ。

ステップ3　これで王手!

本交渉の開始から譲歩へと進むプロセスでとるべき交渉戦略は、3つの要素によって決まる。交渉の状況（「暗黙の協調型」か「取引重視型」か「人間関係重視型」か「バランス重視型」か）、レバレッジの有無・強弱（失うものが多いのはどちらか）、そして当事者双方の交渉スタイル（「競争志向」か「協力志向」か）である。

状況によって、譲歩の仕方も違ってくる。「取引重視型」では強気で、「人間関係重視型」では便宜を図る形で譲歩するのがいい。「バランス重視型」には双方の利益を考えた「問題解決型」のアプローチが向いている。妥協はベストな戦術ではないが、この3つの状況のどれにも使える。

持っているレバレッジが弱くなるにつれてアプローチを柔軟にする必要があり、レバレッジが強いほど便宜を図る必要は減る。これはどの状況においても同じことだ。

次ページに、本題への入り方と譲歩のコツを交渉の状況別に一覧にまとめてみた。参考になれば幸いである。

交渉テクニック一覧表

	本題の切り出し方		譲歩のコツ
	どちらから	どうやって	
取引重視型	自信がないときは相手に先に行かせる 確実な情報があるなら先に行く	強気で （裏づけのある範囲内でぎりぎりの線で）	戦略的に強気で始めて少しずつ目標に近い線まで譲歩
バランス重視型	上に同じ	フェアに （裏づけのある範囲内でぎりぎりの線で）	大事な点は少し、ささいな点は大きく譲歩 パッケージ取引を利用
人間関係重視型	こちらから行く	相手の利益を考えて	相手にきっちりアピールしながら譲歩
暗黙の協調型	こちらから行く ただし「交渉」を避ける努力が先	問題解決のためならどういう形でも可	さっさと譲歩

ステップ4　契約内容と遂行の意思を確認しよう

偉いのは始める人ではなく、終わらせる人だ。
スロバキアの言い伝え

交渉プロセスは、いよいよ終盤を迎える。残すは交渉を終わらせ、契約内容とそれを遂行する意思を確認する成約の部分である。成約交渉はすんなりいくこともあるし、目の離せない緊迫した場面になることもある。駆け引きの好きな人は、戦術を駆使してこの段階をスマートに切り抜けることを楽しむだろうし、嫌いな人は、プレッシャーを感じて落ち着かないかもしれない。

この段階でのポイントは、歩み寄ったり最後通牒を突きつけたりといった終盤独特の戦術をうまく使いこなすことだけではない。契約をきっちり遂行してもらうよう確約を取ることも大事だ。「いつまでに必ずこうします」という言質をとる以外にも、相手の意思を確認する方法はある。確認作業は忘れずに行なってほしい。

それでは、以下に終盤戦のカギを見ていくことにしよう。交渉を成功裡に終わらせるテクニック、いったん決裂した交渉を再開するための一発逆転の作戦、そして相手に必ず契約を遂行させるための「最後の詰め方」などを紹介していきたい。

カギ1　稀少価値をアピールする

交渉をする人間の心理に最も影響を与える要素の1つに、「稀少性効果」がある。私達は、「限定品」とか「今そこに飾ってあるだけしかない」と言われると、途端にそれが欲しくなるものだ。前述したように、望みどおりのものが手に入るかどうかは、交渉が決裂すれば失うものがあると相手が考えているかどうかにかかってくる。「このチャンスを逃せばあなたはこれを失うのですよ」というアピールは情報交換の段階からできるし、そうすべきだが、一番効果的なのは成約交渉の段階でアピールすることだ。

稀少価値は、所有できる可能性のあるすべてのものの価値を増大させる。自分の欲しいものが不足している、またはもうすぐ手に入りにくくなると知った時、人間はパニックに陥って「今すぐ確保しなければ」と考える。手に入れるチャンスを逃して後悔したくないと思うからだ。

天気予報で大雪が降ると報道されると、私達は、スーパーマーケットへ走って生鮮食料品や消耗品を買いあさる。腹ペコの子供2人がいる部屋でテーブルにクッキーを1枚置き、「クッキーが1枚あるわよ。食べる?」と言ったら、2人はわれ先に取ろうとするだろう。これが稀少価値のなせる業である。では、どうしたら稀少価値を作り出せるのだろうか。

「ライバルはたくさんいる」と強調する

「できるネゴシエーター」は、自分の持っているものは多くの人が欲しがっており、供給が追いつかないほどだと強調する。他の人からのオファーをちらつかせたりするのは、相手が焦って飛びついてくるのを狙ってのことだ。

なかには、本当はよそからのオファーなど存在しないのに、ライバルが多いかのように見せかけるネゴシエーターもいる。こうしたハッタリは、特に「取引重視型」の交渉でよく見られる。ハッタリが倫理面で問題かどうかは本書の最後で触れるが、稀少価値をアピールしようとしてハッタリをかける人もいるということだけ、頭に入れておいてほしい。

タイムリミットを設けて焦らせる

稀少価値を生むテクニックの２つ目として、交渉期限を切るという方法がある。時間が経てばチャンスがなくなると相手を焦らせ、危機感をあおるのである。今日はあるものが明日にはもうないかもしれない……。相手にそう思わせることができたら、してやったりだ。

最も効果的なのは、交渉期限が当事者ではどうにもならない、第三者の都合によって決まる場合だ。例えば、多くの企業には四半期ごとに外部監査機関に対して経営報告を行なう義務がある。そういう企業が合併交渉を行なう時、外部監査の際に合併話の存在が明らかになるのは売り手も買い手も望まないのが普通だ。買収先を鵜の目鷹の目で探している他の企業に、絶好の情報を渡してしまうことになるからである。

そうなれば買い手にとっては価格がつり上がり、売り手にとっては交渉をコントロールできなくなるという困った事態を招きかねない。したがって、たいていは監査機関への報告書の提出期限が合併交渉の期限となるものだ。当事者はどうしても期限内に結論を出さざるをえなくなる。

オファーの中で、特に重要な一部の条件にタイムリミットを設定するという手もある。時間切れになるとそれだけが「爆発」して消滅し、残ったのは魅力のない条件ばかりという寸法だ。

この方法は、企業が人を採用する時によく使われる。企業は候補者に、期限内に就職を決めてくれれば、現金でボーナスを出すとか仕事内容を選べるというふうにプラスアルファを与えて返事を迫る。期限が過ぎてプラスアルファの部分が消滅しても就職はできるだろうが、すぐに現金をほしい候補者にとってみればボーナスの有無は大きい。決断が遅れれば金が消えてしまうからだ。

「途中退席」で決断を迫る

最もドラマチックな稀少価値の生み方は、「この条件をのまないなら降りる」と最後通牒を突きつけ、相手が抵抗したら席を立って交渉の場から出ていってしまうやり方だ。どうしても成功させたい交渉が、文字どおりドアから出ていくのを目の当たりにする――相手にとって、これほど大きな精神的打撃はない。

途中退席は感情任せの突発的な行動のように見えるが、実はその多くが計算された演出である。相手が未熟なネゴシエーターで、交渉を成立させたいと強く願っていることを見てとれば、百戦錬磨のネゴシエーターは途中退席の手を使うかもしれない。脅しをかけることによって、早く降伏しなければと思わせることができるからだ。

相手も熟練したネゴシエーターであるなら、途中退席は別の意図で使われることになる。目的は、こちらが特定の争点を重視していると示す「！」マークを出すことだ。自分の言葉を強調したい時や相手が自分のメッセージの重要な部分を無視している時に、警告を促すのである。

このように、途中退席が、交渉の成否を決する重要なポイントになるか単なるシグナルになるかは、双方のレバレッジのバランスによって決まる。交渉決裂となれば、退席した側が失うものの大きい場合は、十中八九、テーブルに戻ってくるだろう。あとに残された側が失うものの大きい場合は、退席した側を追わなければならない。

退席した人がどこまで本気なのかを測るには、その人の性格と交渉スタイルが重要な判断材料となる。例えば、純粋に「協力志向」の人が退席するのは、たいていの場合、怒りが爆発したせいだ。「あなたのような人が交渉相手ならすべてご破算になった方がましだ」というメッセージを送っているのである。だから、どうしても交渉を成立させたければ、相手に謝罪するか担当を変えなければならないだろう。途中退席の意味を判断する際には、「誰が」、「なぜ」出ていったのかを考える必要がある。

稀少価値を強調するのは、人間の理性ではなく感情に訴える手法である。「早く決めなくては」と相手を焦らせ、パニックに陥れることで、交渉の主導権を握るのが狙いだ。

他にもオファーがあるとか期限が迫っているという相手の言い分は、真実かもしれないし、ハッタリかもしれない。成約を急ぐべきか、踏みとどまるかべきかを正しく判断するには、相手と自分のレバレッジの状況を正しくつかむ必要がある。

カギ2　「ここまでやったのだから」とアピールする

もう1つ、「苦労してここまでやってきたのだから今さらあとには引けない」という相手の気持ちに訴えることも、カギとなるテクニックである。人間は、時間やお金などすでに多くを投じた行動や決断について、間違いだったとか損失が出たとはなかなか認めたがらないものだ。

例えば、遊園地で人気のジェットコースターに乗ろうと考えたとしよう。乗り場まで行ってみると、長い行列ができていた。2～3分並んだが、いっこうに動かない。そこへ、こんなアナウンスがあった。「ただいまの待ち時間は1時間30分です」。あなたならどうするだろうか。

あるいは、アナウンスがあったのが列に並んでから45分後だったとしたらどうだろう。係員に聞くと「最後尾の方は1時間30分待ちですが、お客さまの位置ですとあと45分ほどお待ちいただきます」とのこと。この場合、あなたはあと45分我慢して待つだろうか。それとも、待つのをやめて他の乗り物に向かうだろうか。

実験結果によると、トータルの待ち時間は同じなのに、初めのケースの方が後のケースよりも並ぶのをやめる人が多いそうだ。なぜなら、後者はすでに45分を「投資」してしまったので待つのをやめたらだいぶ「損」をするが、前者は待つのをやめても数分間の「損」で済むからだ。待つことにすでに大きな投資をしてしまった以上、目標を実現させるためにはもっと投資しようと思うのが人間の心理なのである。

損失を嫌がる心理につけ込む

カジノのオーナーやウォール街の株の仲買人は、「損失を嫌がる」という人間心理の恩恵にずいぶんあずかっている。スロットマシーンで遊んでいる時、負けはじめた途端に「プラスマイナスゼロに戻さなくては」と焦った経験はないだろうか。そしてコインを入れ続け、いよいよ大負けしてしまったのではないだろうか。

経験の浅い投資家は、損を出した株を売りたがらない。形勢が一気に逆転してイーブンに戻ることに望みをかけているからだ。だから儲けの出ている銘柄を売り、損をしている銘柄は大事にとっておく。しかし、プロならそんなことは絶対にしない。

では、交渉の場では、この心理がどう利用されているのだろうか。実際の交渉プロセスに時間やエネルギーなど貴重な資源をつぎ込むにしたがって、当事者は何が何でも必ず交渉を成功させようという気になっていく。自然とそういう気持ちになる場合がほとんどだが、相手が悪意から意図的に交渉を引き延ばそうとして、そう思わせている場合もある。

交渉成立の直前になって、いかにも申し訳なさそうに「合意にどうしても必要な」要求を出してくる相手には要注意だ。「せっかくここまでやってきたのですから」と彼らは懇願するだろう。「費やした多くの時間と労力を無駄にしたくないのです」――そう言われると、ここで交渉をぶち壊して損をするよりはと考え、相手の求めるものをいくばくかは認めてやるかという気になってくる。

損失を嫌がる心理と「比較の原理」を組み合わせたのが、やはり成約交渉でよく登場する「おまけ」作戦である。交渉成立の直前になって、相手が些細な要求をしてくる。こちらとしては、それまでの道のりの長さと複雑さを考え、せっかくたどり着いた合意や相手との関係をこんな些細なことで壊したくないと思う。そして言われるままに「おまけ」をつけてしまうのだ。

たかが「おまけ」と言えばそれまでだが、つもり積もれば結局は高くつくこともある。どうやったら「おまけ」作戦に対抗できるだろうか。

「おまけ」作戦が得意だとわかっている相手と交渉する場合は、初めから条件の一部を取り置いておき、最後に「おまけ」をねだられた時に与えればいい。よく知らない相手にいきなり「おまけ」を要求されたら、これまでの過程で相手も自分と同じくらいの投資をしているかどうか考えよう。軽々しくオーケーしてはいけない。

遊園地でチケットを握りしめて延々と待った末、やっと乗れるという時になって「追加料金を払え」と言われたら、誰しも激怒するのではないだろうか。「おまけ」を要求されるというのはそういうことだ。たとえ要求をのむにしても、少なくともこちらが譲歩するなら相手にも譲歩を求めるべきである。

交渉が決裂したらどうするか

以上に紹介したようなさまざまなテクニックを使っても話がまとまらず、合意に至らないことがある。こうなると交渉決裂である。

交渉はいろいろな理由から決裂する。双方が自分の当初のスタンスにこだわり、プライドが邪魔をして話し合いが前進しないケースもある。交渉の初めから互いの距離があり過ぎて、対立がエスカレートすることもある。コミュニケーションの行き違いや誤解があったり、たまたま悪い雰囲気になって、和解できないままに終わってしまったりする場合もある。

「協力志向」の人ほど、交渉決裂は悪いことだと考える傾向にある。交渉がうまくいかないと、互いに感情的になりがちだ。感情的な対立は、相手に合わせたり対立を回避していったりすることを好む人にはつらいものである。

しかし、悪いことばかりではない。交渉決裂が正しい選択肢の場合もある。ひとたび交渉が途切れると、双方とも自分の目標を真剣に考え直す時間ができる。そのうえで優先順位をもう一度はっきりさせ、新しい解決策を携えて交渉を再開することもできるのだ。もちろん、決裂に至る前に途中退席を使って相手にシグナルを送ったり、早い段階で中断したりすることで問題が解決できればもっといい。

では交渉が決裂してしまった時、再開するためにはどんな手が打てるのだろうか。

交渉再開の手立て

一番いいのは、立ち上がって交渉の席をあとにする時に、将来戻ってくるための「非常口」を開けておくことだ。荷物をまとめながら、こう言ってみてはどうだろうか。「そちらがそういう姿勢をとられるのなら、今は交渉をこれ以上続けることはできません」

注意深い相手なら、「今は」という言葉を聞き逃さないはずだ。しばらくしたらきっと「交渉を再開したいのですが」と打診してくるだろう。このような「非常口」を開けておけば、あなたの側から交渉再開をもちかける時にもメンツがつぶれずに済む。

相手が怒りにまかせて出ていってしまった場合は、「非常口」もないままに交渉決裂となってしまうかもしれない。そんな時は、相手の顔を不用意につぶすことなく交渉のテーブルに呼び戻すにはどうすればいいかを考えなくてはならない。そのためには、最後通牒を突きつけたのは向こうだということを忘れるとか、相手の残していった言葉の中に呼び戻す口実を探すという手がある。

コミュニケーションの行き違いが原因の場合は、素直に謝罪すれば関係はもとに戻るだろう。謝罪ぐらいでは回復できないほどこじれてしまった場合は、担当者を変えるとか、仲介者を経由してではなく、当事者同士が、直接ひざを交えて話し合う必要があるかもしれない。

最もたちが悪いのは、感情的なもつれが原因で危機に至った場合だ。相手の怒りがこちらを怒らせ、それに対する相手の反応で怒りがいよいよ燃えさかってしまう。人は感情的に対立してしまうと、本当の争点が見えなくなるものだ。これでは交渉成立は危うい。すんでのところで決裂はせず何とか成立したとしても、互いのメンツは丸つぶれという事態になりかねない。

そんな時は、「小さな一歩」作戦をおすすめしたい。当事者のどちらかが、非常に小さくても目に見える一歩を相手に向かって踏み出すのだ。そして相手がお返ししてくれるのを待つ。相手が反応してくれれば、「小さな一歩」のサイクルを繰り返して交渉を軌道に戻すことができる。

かつてエジプトのサダト大統領も、アラブ世界とイスラエルとの対立を緩和させるためにこの作戦を使った。1977年11月19日、ベギン首相との会談のため、サダトは、イスラエルの建国以来アラブ国家の元首としては初めて同国の地を踏んだ。「イスラエルの空港に降り立つ」という非常に小さな一歩で、イスラエルの存在を認める意思があることを世界中に示したのである。この行為が最終的にはキャンプ・デービッド合意へと結びつき、イスラエルによるエジプトへのシナイ半島返還を実現させたのだった。

交渉が決裂する時は、双方共に相手の要求をのむくらいなら話をなかったことにする方がましだと思っている。したがって、再びテーブルにつくためには発想の転換が必要だ。もともとの目標には至らなくとも、決裂させるよりは成立させる方がましだと思える「何か」がなくてはならない。そのためには、目標を変えることができるほど十分な長さの「考える時間」をとりたい。

あらゆる手を尽くしてもだめな場合は、調停の専門家に中立の立場で間に入ってもらおう。交渉が決裂したら何を失うのかについて、客観的な視点で判断してもらえばいい。

最後の詰めはきっちりと

１９９７年に発表された投資銀行の最大手ディーン・ウィッター・ディスカバーとモルガン・スタンレーの合併計画では、契約書に次のようなただし書きがついていた。「どちらかが契約を撤回する場合は、相手に２５００万ドルを支払うものとする」

アメリカンフットボールのスター選手ダグ・フルーティーが、ニュージャージー・ジェネラルズと８３０万ドルという破格の６年契約を結んだ時、フルーティーのエージェントは、チームオーナーのドナルド・トランプに対し、正式な契約書の作成を待たずにこの件をマスコミへ公表するよう求めた。望みは叶えられ、まもなく新聞にはフルーティーの名前と「８３０万ドル」の文字が躍った。

この２つは、交渉を締めくくるにあたって相手から契約遂行の確約をとる作業についてのエピソードである。いずれの当事者も、双方が責任をもって契約を遂行できるよう最後の詰めを行なったのである。

あらゆる交渉のゴールは単なる合意ではなく、契約遂行の意思を確認することだ。ときには握手するだけで十分な確約になる場合もある。長い付き合いの間柄で信頼関係が成立しているのならば、それでもいいだろう。だがそうでない場合には、もっとはっきりしたもの、たとえば契約書や公式セレモニー、違約に対するペナルティーの取り決めなどが必要になる。

「単なる合意」と「確約」の違いをわかりやすく説明するために、私の教え子テレサが話してくれたエピソードを紹介しよう。

テレサは、あるボランティア団体に所属していた。この団体は、毎週土曜日に恵まれない子供達を郊外に連れて行って、一緒に遊ぶというプログラムを行なっていた。バスのチャーターや付き添いボランティアの募集、ランチの手配など、準備することはたくさんあった。

プログラム自体はうまくいっていたが、唯一の問題は付き添いボランティアの不足だった。ボランティアを申し出てくれる人は多いのに、当日になってみると姿を見せないというケースが頻発していたのだ。それも電話で断るのは気がひけるらしく、ほとんどが連絡なしの無断欠席だった。

どうすればボランティアにきちんと義務を果たしてもらえるのだろうか……。悩んだ末、テレサ達は妙案を思いついた。当日のランチに必要な品（例えば、ハンバーガー用のひき肉、パン、サラダ、火をおこすための炭など）を、ボランティア一人一人に割りあてて持ってきてもらうのだ。これだけのことで、ほとんどのボランティアが当日きちんと現れるようになった。

それまで約束しておきながら来なかった人達は、自分が行かなくても行事自体に大きな支障は出ないと思うことで自分を、正当化していたのだろう。彼らはいわば「取り替えのきく」存在だった。だがこれからは、行かないとどうなるかがはっきり目に見えている。一人が来なければ、全員に被害がおよぶ。各人が自分の負っている責任を自覚したのである。

おわかりいただけただろうか。単なる合意と確約との大きな違いは、契約が実行されなかった時に損失を受けるリスクの有無だ。

合意にはほとんどリスクはない。少なくともその時点において、約束した人に何かをする意思があったことを示すものにすぎない。しかし、確約をすれば、約束を破った場合には約束をした当人に被害がおよぶことになり、だからこそ合意内容が実行されることはより確実となる。互いに責任を自覚する意味で、確約を取ることは大事なのである。

確約の取り方

合意事項をきちんと実行に移すための方策はいろいろある。保証金や違約金もその１つだ。組織では昇給やボーナスがそうだし、入社後しばらくの間を試用期間とするのも合意事項の確実な実行を促す制度である。

交渉の種類が違えば、確約の取り方も違ってくる。隣家からベビーシッターを頼まれたのなら、「いいよ」と答えるだけで十分だろう。だが、巨額の利害が絡む企業買収の場合は、法的に拘束力のある契約書を作成し、専門家も交えてしっかり内容を詰めるべきだ。

どんな交渉においても、確約のプロセスは単純な「社会的儀式」から始まる。欧米社会では握手が一般的だが、文化の違いによって他にもさまざまな意思の確認方法がある。

例えば、「世間への公表」という儀式がある。「ポイント1」で紹介したアルーシャの人々のエピソードを思い出してほしい。彼らはヤギと酒の贈り物を交換することを決め、宴会をし、一同の前で合意内容を公表して交渉を終了した。公表することによって、その場にいた全員が合意内容の立会人となり、どちらかが約束に背くリスクを減らしたのである。

トランプがフルーティーとの契約を発表した件も同じことだ。公表したことで、トランプもフルーティーも契約の実行を世間に約束したことになる。

また「責任を与える」のも合意内容の実行を促す力となる。約束を破れば当人の評判が悪くなるというリスクがあれば、約束を実行する可能性が高くなるからだ。テレサ達の考えた「ランチに必要なものを分担して持ってきてもらう」作戦が成功したのは、各人に固有の責任を負わせることで、「一人一人がプログラムに不可欠な存在」だという自覚を植えつけたからだった。

責任を自覚してもらうには、合意内容を「書く」のも一案だ。「ポイント2」では訪問販売員のテクニックとして、顧客自身の手で契約書に記入させるという手段が使われていることを紹介した。自ら書いた約束は守らなくてはならない（契約は破棄できない）というプレッシャーを与えられるからだ。ことに契約したことを契約者自身の手で書くのは、法的拘束力が生まれる意味でもメリットがある（もっとも、たとえ口約束だけでも法的には契約が成立したと見なされる場合もあるので注意したい）。

交渉によっては、どうやっても確約を得るのが難しいケースもある。そんな時には「同時交換」が確実で役に立つ。例えば、車や家を売り買いする時は、権利証書と代金を同時に交換するのが普通である。買い手が前金を払って契約を保証するにしても、実際に権利証書を手にするのは売り手にすべての代金を支払った時になる。

ステップ４　これで王手！

交渉も終盤、契約成立まであとひと息だ。しかし、まだ気は抜けない。ことに「取引重視型」の色合いが濃い場合は、相手が稀少価値や「ここまでやったのだから」という面を強調し、こちらをパニックに陥れようとするかもしれない。

かといって、相手を完全に無視するのもまずい。相手が本当にレバレッジを持っているなら、こちらが取り合わなかったために別の交渉相手のところへ行ってしまうかもしれない。したがって、レバレッジの強さや所在をよく考えて対応しよう。

頑なな態度は交渉決裂へと結びつくこともある。意見の対立は、うまく乗り越えられれば双方がもっとクリエイティブに問題解決法を探していく転機となることもあるが、交渉と人間関係が同時に崩れ去る危険性もはらんでいる。交渉を成功裡に締めくくるには、目的達成への意欲だけではなく冷静な判断が必要となる。

交渉は、合意に達すれば終わりではない。確約を取る作業が残っている。双方が特に強い信頼関係で結ばれているのでない限り、合意だけでは不十分だ。確約を取る時に注意すべきことはただ1つ、約束を実行しなければ相手が何かを失うような状況を作ればいい。もちろん、自分の側にも自ら同じ足かせをはめよう。

これで交渉の進め方についての話はおしまいだ。しかし、自信をもって交渉のテーブルにつくにはもう1つ知っておいてほしいことがある。倫理の問題だ。相手があくどい手を使ってきた時、あなたはモラルに恥じない行為で対抗することができるだろうか。最後にその話をして、本書の締めくくりとしたい。

交渉成立への必要要素

	本題の切り出し方		譲歩のコツ	契約成立のコツ
	どちらから	どうやって		
取引重視型	自信がないときは相手に先に行かせる。確実な情報があるなら先に行く	強気で（裏づけのある範囲内でぎりぎりの線で）	戦略的に強気で始めて少しずつ目標に近い線まで譲歩	退席も含めて期限まで条件を強気に詰める
バランス重視型	上に同じ	フェアに（裏づけのある範囲内でぎりぎりの線で）	大事な点は少し、ささいな点は大きく譲歩 パッケージ取引を利用	上に同じ 合意後確約を取る
人間関係重視型	こちらから行く	相手の利益を考えて	相手にきっちりアピールしながら譲歩	相違点を考慮しながら、譲歩する
暗黙の協調型	こちらから行く ただし「交渉」を避ける努力が先	問題解決のためならどういう形でも可	さっさと譲歩	さっさと譲歩

交渉における倫理　嘘はどこまで許されるのか

一緒にトランプをする連中のほとんどを私は信頼している。それでも、カードを配る役は自分でやりたい。

　　ジョン・K・オローリン（オールステート保険）

交渉の倫理に関する話は最後にとっておいた。なぜなら、倫理は交渉のあらゆる面に関わってくると同時に、すべての人が直面する難問だからである。

まずは、フィラデルフィアの新聞コラムニスト、ダレル・シフォードのエピソードを紹介しよう。正直であれ、真っ直ぐであれと常日頃は唱えていたシフォードだったが、ある時必要を感じ、それまでの主義とは違う選択をした。その一部始終を、彼はコラムに書いている。

それは、シフォードが短い間だけミネソタ州ミネアポリスに住んでいた時のことだ。買い物に出かけたある日、家具の安売り店のショーウインドウに目をやると、美しい地球儀が飾られている。脚は桜材で、地球の部分が内側から光る、実にエレガントなものだった。彼はひと目ぼれした。

店に入ると、年かさの熱心そうな店員が近づいてきた。「何かお探しですか」

「ショーウインドウに飾ってある地球儀なんだが」とシフォードは言った。「見せてもらえないかな」

店員に案内されてウインドウの裏側に回り、お目当ての地球儀をじっくり見てから値札をひっくり返したシフォードはびっくりした。値札には495ドルとあった。「これは高すぎるな」とシフォードは考え、首を振った。

他の地球儀もいろいろ見せてもらったものの、やはり最初に目にした地球儀にはどれもかなわない。シフォードは、「ウインドウに飾ってある地球儀が欲しいんだが、495ドルでは高すぎる」と店員に言った。

すると店員が「この近くにお住まいですか」と尋ねるので、シフォードは遠くに見える高層マンションを指さした。「ああ、なら問題ございません」と店員は言った。「当店はご近所のお客さまには無条件でディスカウントさせていただくことにしております。450ドルではいかがでしょうか」

「それでも高い」とシフォードは答えた。

この時点で、内なる声が「値切れ」と告げた。シフォードはそれまで一度も値切ったことがなく、値切るという行為を少々品がないと考えていた。だが、ここは地元フィラデルフィアからは遠く離れている。シフォードは思いきって値切ってみることにした。「いい人」とはさよならだ。

いざ口を開こうとして、シフォードは一瞬考えた……。真実をちょっとだけ大げさに伝えるのは自分の信条に背かないだろうか。結論はすぐに出た。大丈夫だ。やろう。

「これと同じような地球儀を安売りのカタログで見たが、３２５ドルだったぞ」とシフォードは嘘をついた。「こんなに高い値段をつけておきながら安売り店だなんてよく言えるな」

「そのお値段では原価を下回ってしまいます」と店員は答えた。「４００ドルではどうでしょう。破格のお値段ですよ。こんなお値段で買える店はありません」

「ならカタログで買うよ」シフォードは言い放った。「お邪魔さま」。そして店のドアに向かって歩き出した。

店員はあわてて追いすがってきた。「上司と相談してまいります」

それから1分とたたずに戻ってきた店員はこう言った。「今日は上司の機嫌が特にようございまして、３５０ドルでいいと申しております」

「まだ高いな」。そう答えたシフォードは、地球儀に歩み寄るともう一度しげしげと眺めた。

「ちょっと！　底にこんな切り傷があるじゃないか。これは傷物だよ」

店員も地球儀を調べた。たしかに、かろうじて判別できる程度の傷があった。「こんなはずはないのですが」。そう言った店員は、笑顔さえ浮かべていた。なかなかやるな、と思ったのだろう。「うちでは傷物をお売りすることはありません。上司ともう一度相談させてください」

ほどなく戻ってきた店員はこう言った。「お客さまには参りました」

325ドル、それが最終的な値段だった。シフォードは戦利品を抱え意気揚々と帰宅したのだった。

嘘をついても許されるのか

こうしてシフォードは望みの品を安く手に入れた。だが、彼は「カタログでは325ドルで売っていた」という嘘をついた。これは倫理に反する行為ではないのか。

こうした嘘が倫理的に問題だと言われたらびっくりする人も多いだろう。物を売り買いする時、人間は自分の立場を強くするためにさまざまなことを言う。それは、古代ギリシャ時代から続く伝統だ。あらゆる文化において、嘘は明らかに社会生活の一部を成している。

1990年代、ハーバード・ビジネス・スクールでは、世界各地から集まった750人の学生に対し、ハッタリから嘘、袖の下まで、実にさまざまな交渉戦術を挙げて、どこまでが倫理的に許されるかを質問調査した。その結果、学生達は、「競争志向」の人が昔から使ってきた戦術、つまり下限ラインやタイムリミットなどについてのハッタリは全く問題ないと考えていることが判明した。本心では全くそのつもりがないのに、「譲歩をしていただけるならこれからもいいお付き合いをさせていただきます」と約束することも「問題なし」だった。ならば、シフォードの行為は十分に許容範囲だといえる。

しかし、シフォードの嘘に疑問を覚える良心的な人も多いはずだ。「協力志向」のネゴシエーターにとっては、倫理にかなった行動をとることが交渉における大きなモチベーションになっている。彼らは交渉をゲームとは考えない。だから嘘をつくことは許せない。つまり、シフォードの嘘は一部の人を「激昂」はさせないまでも「不愉快」にさせる可能性があるわけだ。

もしシフォードの嘘が許されるなら、店側が嘘をついても許されるのだろうか。「この地球儀に関心をお持ちのお客さまが他にもいらっしゃいまして」と別の客の存在をねつ造し、「その方がもうすぐ350ドルで買いに来られるはずなのですが、どうなさいますか」と迫ってもいいのだろうか。

嘘をつくのは楽だ。小さな買い物で嘘がうまくいったら、もう少し利害関係の大きなこと、例えば、就職の面接などで嘘をつきたくはならないだろうか。それが繰り返されれば、その人の成功の大半は嘘のおかげということにならないだろうか。

たしかにシフォードの嘘は些細なものだ。だが、彼のエピソードは、交渉の場で倫理的に振る舞おうとする時に、私達が避けては通れない問題を投げかけている。ミシガン大学で交渉学を教えるジェームズ・J・ホワイトはこう言う。「ネゴシエーターに求められているのは、自分の下限ラインについては少なくとも受動的に相手をあざむく一方で、倫理的な態度をとることである」

ホワイトの言葉は、交渉における倫理を考える時に、多くの人がぶつかる矛盾を突いている。自分本位の目的のために他人を「あざむく」ことと、「倫理的な態度をとる」ことは両立できるのだろうか。「受動的に」あざむくとはどういう意味なのか。シフォードがついたような「小さな問題についての積極的な嘘」は、「巨額の金が絡む取引での受動的な嘘」と比べればまだ倫理的なのか。

こうした疑問に対する明快な答えはない。そのうえ、弁護士や医師、会計士など職業によって倫理のボーダーラインが異なるらしいことを考えると、問題はいよいよ複雑になる。

初めに倫理ありき

本書では最後に持ってきたが、実際の交渉において、あなたが倫理的にどんな態度をとるかは、交渉を始める前に考えておくべき問題である。どんな倫理観で交渉に臨むかは、人間としてのアイデンティティーの中心を成す。どんなに頑張ってみても「交渉での自分」と「普段の生活での自分」を完全に切り離すことはできないものだ。

どんな倫理観を持っているかは、交渉に費やす「コスト」の内容にもかかわってくる。倫理のハードルが高いほど、そのレベルを維持しながら交渉を進めるには高いコストがかかることになる。ハードルが低ければ、今度は「評判」という点で高いコストを支払う覚悟がいる。そして、相手のハードルが低ければ低いほど、自分自身と自分の利益を守るために多大な時間とエネルギーが必要になる。

誠実であることは、「できるネゴシエーター」の基本原則の1つだ。だが、誠実さとは何だろうか。嘘をついたシフォードは誠実さに欠けることになるのだろうか。

そうではない。「ポイント1」でも述べたが、交渉において誠実であるとは「必要とあれば、恥じることなく他人に説明できるような倫理を心に秘め、粘り強く交渉にあたる」ことをいう。個人の倫理観は、あくまで個人が責任をもって築くものなのだ。

私は、シフォードが嘘をついたことを残念に思うが、彼は誠実であると思う。なぜなら、シフォードは自分のとった行動を記事にして公表し、問題提起をしたからである。多くの人があの記事を読み、議論をしたことだろう。交渉における行動がこれだけの厳しい「試験」に耐えたなら、私の基準では誠実だということになる。

本書では別に、お説教をしようというのではない。読者が自分の倫理的基準について考えるうえで、役に立ちそうなヒントを提供したいだけだ。まずは、考え方の異なる3つのタイプを紹介しよう。

あなたはどんなタイプ？

以下に説明するのは、「交渉はゲームだ」と考えるポーカー派、「損をしても正しい行ないをすべし」と考える理想派、「損得を考えて動くのがベストだ」と考える現実派という3つの倫理基準である。現在のあなたはどのタイプに近いだろうか。近いと思うタイプの考え方が、自分の信条と同じかどうかを考えてみよう。

信条は高く持ち、できるだけ大切にすることをお勧めしたい。堕ちるのは簡単だからだ。

ポーカー派

このタイプの人々は、交渉とは、ある種の「ルール」が存在するゲームだと考える。ルールというのは、例えば、法律だ。ルールに背かない行動をする限り、倫理的に問題はない。それがポーカー派の解釈である。

近代における元祖ポーカー派といえば、トルーマン大統領の特別顧問を務めたアルバート・

Z・カーだ。かつてカーは、ハッタリなど相手をあざむく行為ではあるが、法の範囲内である交渉戦術について、「〝交渉という〟ゲームにおいて不可欠な要素であり、そうしたテクニックをマスターしていない経営トップは、金も権力もたいして集めることはできないだろう」と述べた。もちろんポーカー派も、交渉とポーカーゲームが全く同じものではないことはわかっている。しかし、相手をあざむくことが、成功へのカギとなる点では同じだと考えているのである。

ポーカーにおいても交渉においても、このタイプのプレーヤーは相手を全く信用しない。カーの言葉を借りれば、フェアで厳しい交渉の現場において、優れたプレーヤーは、「友情への訴え」を無視し、「狡猾なあざむきと隠蔽工作」に力を注ぐものだ。

ゲームが終わった時、たとえ相手にあざむかれたと知っても、ポーカー派は相手を軽蔑したりはしない。むしろ相手の手腕を賞賛し、次はもっと頑張ろう（もっと相手を疑おう）と誓う。

ポーカーでは、カードを隠したり他のプレーヤーと共謀したりすることは許されないが、自分の手について相手をあざむくことは許されている。したがって、弱い手なのにいかにも強い手を持っていそうな顔をして掛け金全部をせしめたり、強い手なのに「だめだ」という顔をして相手にたくさん賭けさせたりすることができればしめたものだ。

交渉相手が、ポーカー派なら、訴えられかねない明らかな欺まんはともかく、そこまでに至らないものに関してはあらゆる手を使って攻撃してくるだろう。

私の見るところ、ポーカー派には3つの問題点がある。第1の問題点は、「誰もが交渉をゲームだと思っている」と信じていることだ。だが残念なことに、実際はそうではない。それでも、「相手が自分と同じ考えでなくても、いつも同じようにプレーする」ことが、「ルール」で許されていると考えているポーカー派は、こうした事実に動じることはない。それもまた問題だ。

第2の問題点は、「誰もがゲームのルールを知っている」と考えていることだ。だが、これは法律というルールが業界や国によって違うこと一つをとってみても、現実的ではない。

第3の問題点は、「ルールは万国共通」という考え方だ。実際、同じ法律を適用している国はたくさんあるが、その解釈は国によってさまざまという場合が多い。だから「ルール」を踏み越えていないかどうか確認するためには、有能な弁護士から始終チェックを受けることが必要となる。

理想派

このタイプの人々は、交渉は社会生活の一部であり、独自の「ルール」に従うべき特殊な活動ではないと考えている。理想派の考え方によれば、家庭で守っている倫理は、交渉でもそのまま適用されなくてはならない。嘘をついたりあざむいたりすることが、通常の社会生活でいけないことなら、それは交渉でもいけないことだ。逆に、「相手の気持ちを傷つけないために」など特別な状況で嘘をつくことが許されるならば、交渉においても同じような状況に限っては嘘が許される。

理想派も、交渉において相手をあざむくことを完全に否定するわけではない。例えば、こちらが強いレバレッジを持っていると相手が勝手に思い込んでいて、しかも真偽のほどを直接確認してこない場合、さすがの理想派も、わざわざこちらの立場を悪くする情報を相手に提供する必要はないと考える。相手が確認してきたとしても、答えることを拒否してもいいとすら思っている。だが、こうした状況は理想派にとっては居心地が悪いものだ。有利な立場をある程度まで放棄することになっても、正直であることをよしとするからである。

理想派の信念の強さは、哲学や宗教に裏打ちされたものである。イマヌエル・カントは、「相手に従ってほしいと思う倫理的基準には自分も従うべきである」と述べている。誰もが好き勝手に嘘をついていたら、社会は混乱してしまう。嘘をついてはいけないとされるのはこのためだ。また、カントは、「自分の個人的な目的を達するための単なる手段として他人を扱ってはいけない」とも述べている。

交渉における嘘は、個人的な利益を得るための自己中心的な行動だ。だから、カントの教えに従えば、倫理に反することになる。多くの宗教も、個人的な利益を得るために嘘をついてはいけないと教えている。だから、理想派は、交渉において相手をあざむく行為をよしとしないのである。

また、理想派は、交渉を「ゲーム」と考えることをひどく嫌う。理想派にとって交渉とは、真剣なコミュニケーションである。人間は互いの違いを埋めるために交渉するのであり、その結果、社会生活はうまく回っていくのだ。したがって、世界共通の「基準」に照らし、交渉の進め方も含めて自分の行動には責任をもつべきだ――。それが理想派の解釈である。

理想派から見れば、ポーカー派はどう猛で自己中心的だ。ポーカー派からすれば、理想派はうぶ、いや、愚直でさえある。両派が、交渉のテーブルを挟んで向かい合えば、まさに一触即発の危機といえよう。

理想派の抱える問題点は明らかだ。まず、理想派の掲げる「基準」は、実際の交渉において達成することが難しい。そのうえ、疑うことを知らないと、交渉相手が理想派以外の人間だった場合は一方的に食い物にされてしまう。ことに第三者の利益を代表して理想派が交渉に臨んでいる場合は、厄介な問題になりかねない。

現実派

このタイプの人々は、ポーカー派と理想派のそれぞれの主義から引き出したエッセンスに独自の味つけを追加して、自分なりの主義を作っている。ポーカー派と共通するのは、相手をあざむく行為も必要だと考える点だ。違うのは、何かもっと現実的な手があるなら、相手を誤解させるような発言や明らかな嘘などは使わずに済ませたいと考える点である。

それはなぜか。相手をあざむけば、相手との現在または将来の関係に悪影響がおよぶのではないかと心配するからである。つまり、現実派が嘘を避けたいと思うのは、「倫理的に悪い」からというよりも「長期的に見るとデメリットの方が多い」からなのだ。

ここまでの説明でだいたい想像がついたことと思うが、現実派の人々は、理想主義ゆえにというよりも慎重さゆえに、「相手をあざむくのはいけない」と考えている。相手をあざむく行為は、自分の信用を著しく傷つける恐れがある。相手と仕事上の良い関係を保つうえでも、市場や社会で自分の評判を落とさないためにも、信用は大事だ。現実派にはそういう打算がある。一方、ポーカー派はそれほど評判を気にすることはない。交渉ではゲームのルールの範囲内で勝利を収めることに一生懸命だ。

では、現実派と理想派との違いはどこにあるのだろうか。端的に言うなら、現実派は理想派よりも嘘をつく回数がやや多い。それは、嘘についての許容範囲は現実派の方が広いからだ。

例えば、現実派は、取引に関わる事実関係について嘘をつくことと、自分の立場を正当化してくれる「原則」の説明において嘘をつくこととは違うと考えているふしがある。現実派の中古車ディーラーなら、売ろうとしている中古車の現在の状態について、多少なりとも嘘をつくことは倫理に反すると考えるだろう。しかし、本当はそんなことは言われていないのに、「この車は1万ドル以下で売るなと上司から言われています」と嘘をつくのにはためらいを覚えないはずだ。上司の命令に関する嘘をつくのは、取引においてさほど問題になることではないし、ばれる可能性も少ないからである。

したがって、現実派はシフォードの嘘を問題視することはないだろう。店員とシフォードの人間関係が嘘をきっかけに悪くなったわけではないし、嘘がばれたとしても、今後の店との関係悪化を心配する必要もない（もうあの店で買い物をしなければいい）。しかもそこは地元ではなく、しばらくすれば離れる土地だから、自分の評判を気にすることもない。それが現実派の考え方だ。

嘘をつく人、つかない人

ポーカー派、理想派、現実派のそれぞれが実際の交渉にはどういう姿勢で臨むのか、簡単な例で検証してみよう。商業ビルを売ろうとしている人がいるとする。そのビルに興味をもつ人が現れ、「他にも買い手が名乗り出ているのか」と尋ねてきた。実は、現在のところ他に買い手はいない。こうした状況で、ポーカー派、理想派、現実派の売り手はそれぞれどのように答えるだろうか。

ポーカー派は嘘をつくだろう。商業ビルを買おうというような人は交渉慣れしているはずだから、嘘は許容範囲だと考えるのである。

だが、嘘をつく前に2つの点を確認しておく必要がある。1つは、嘘が簡単に見破られないかどうかだ。簡単に見破られるようなものなら効果がないばかりか、相手が身構えてしまうので他の点についても嘘が通用しにくくなる。もう1つは、ここで嘘をつくことが買い手に決断を促す最善の方法かどうかだ。ひょっとすると、期限に関してなど他の点で嘘をつく方が効果的かもしれない。

こうしたチェックを経て、嘘が「見抜かれにくく」、「効果的」であると判断したら、ポーカー派の売り手は次のような会話を交わすことになるだろう。

買い手　他に買い手は出ているのですか？

売り手　ええ。サウジアラビアの企業から○○ドルという提示が今朝ありまして、48時間以内にお返事しなくてはならないのです。お客さまの秘密を遵守しなくてはなりませんので、あちらのオファーについて詳しくお話することはできませんが、オファーがあることは事実です。どうされますか？

理想派の売り手ならどうするだろうか。考えられるやり方はいくつかあるが、どれ1つとして嘘は含まないはずだ。例えば、こんな答え方が考えられる。

買い手　他に買い手は出ているのですか？

売り手　いいご質問ですね。けれど、それにはお答えできません。

この場合、答えないこと自体が、売り手の置かれた状況を雄弁に物語ることになる。もう1つ、他の買い手についての自分の考えを語るという方法もある。

売り手　この点についてはよくお尋ねいただくのですが、こうお答えしましょう。この物件の価値はそちらさまのニーズと市場感覚によって決まるものです。もちろん、お客さまのオファーの秘密は最大限守ります。お客さまからのオファーについて、他のお客さまに明かすことはしませんし、他のお客さまからのオファーをそちらさまに申し上げることもいたしません。オファーを出されますか？

理想派がこのように答えられるのは、当人が本心からこうした信念をもっている時だけだ。強いレバレッジになるような別のオファーが存在した場合、信念のコストは高くつくことになる。
理想派の回答例として最後に紹介するのは、誠実にありのままを話すやり方である。理想派は嘘をつくことも相手を意図的にあざむくこともできないが、正面からぶつかっていくことはできる。

売り手　正直に申しますと、現在のところ他にオファーはありません。けれど、近いうちに他のオファーが出てくることを願っています。ですから、競争相手が現れて価格が上がる前に決断されることが、そちらさまの利益になるのではないでしょうか。

最後に、現実派の対処法を考えてみよう。現実派はもっと複雑でもっと狡猾な防衛テクニックをとる。相手と仕事上でのよい関係を保ちつつも、自分のレバレッジは守ろうとするのである。
以下に挙げるのは、あからさまな嘘をつくのは避けつつも、自分のレバレッジへのダメージは最小限にとどめる回答例である。

買い手　他に買い手は出ているのですか？
売り手　申し訳ございません。社の方針で、他のオファーについての説明はできないことになっております。

「この質問に答えるのは禁止されている」というスタンスで防衛する方法だ。これが本当でなければ嘘をつくことになるが、真偽を確かめにくい嘘なので、評判が傷つく危険性は少ない。もし本当にこうした方針を会社がとっているのなら、理想派の売り手も活用できる方法である。

売り手 私どもは、物件を長期間、市場に出しておくことはいたしません。市場は刻々と変化していますし、私どものプランも変わりますので。

これも、本当でないなら嘘をついたことになる。ただし、確固たる事実に関する嘘ではなく「原則」についての嘘なので、現実派ならそれほど頭を悩ませずに済むだろう。

売り手 それよりも、そちらがオファーを出されるつもりがおありなのか、そうだとしたらいつごろ出されるのかを知りたいのですが。

というふうに質問をはぐらかすやり方もあれば、

売り手　他にもお考えの物件がおありですか？

という具合に、質問には質問で返すという手もある。

売り手　申し訳ございませんが、まもなく出なければなりません。希望価格を今日出されますか？

これは話題を変えてしまうという手だ。

現実派のこうしたテクニックには、レバレッジを維持する（ポーカー派ほど強くは維持できないが）一方で、相手をあざむいたという悪い評判が立つリスクを減らす、実用的な意味がある。大事なのは人間関係と評判だ。仕事相手やその関係者との将来の交渉に、悪影響が出る可能性が少しでもあるなら、現実派は嘘をつくことを避ける。

さて、あなたはどの派の倫理的基準に共感しただろうか。この3つには属さない独自の基準を持っているという人もいるだろう。繰り返すが、目標は高く掲げてほしい。実際の交渉では厳しいプレッシャーを受けることになるので、私達は往々にして安易な方に傾いてしまう。ポーカー派の基準よりも下へ落ちれば、違法行為や犯罪の領域に踏み込む恐れがあることを、肝に銘じておきたい。

こう言われたらこう切り返せ

交渉では、時として「悪魔」とやり合わなくてはならないことがある。ポーカー派も真っ青というような相手が現れたら、自分を守るためにはどうすればいいのだろうか。

まずは、危うく交渉相手の罠に落ちるところだった人物が、いかにして危険を回避したのか、実例を1つ紹介する。実際に使われた防御策の他に、どんな手段がとれるかも考えてみたい。

セントルイスに住む新聞記者デール・シンガーは、娘に中古車を買ってやろうと考えた。何軒か店を回った後で高級車ディーラーの中古車売り場に立ち寄ると、娘にピッタリの車がある。値札には9995ドルと書かれていた。

シンガーが店員と交渉すると、値段はすぐに9000ドルに下がった。もう少し粘ると、店員は上司のところへ行ってくると言って立ち去った。数分後、戻ってきた店員はこう言った。「本日お買い上げでしたら8500ドルにいたしますが」

シンガーはその値段に心ひかれたが、もう少しあちこち見て回りたいとも思った。そこで「もうちょっと他の店を回ってからまた来ます」と告げ、店を出た。

それから1日中あちこちを見て回ったが、他に気に入った車はなかった。夕方、彼は高級車ディーラーのもとに再び訪れると、さっき値段交渉をした店員を呼んで、「8300ドルではどうですかね?」ともちかけた。「8500ドルという値段を下げはしないだろうと思ったけれど、一応、駆け引きとしてやってみる価値はあると思って」と、シンガーは後に説明している。

ところが、店員は「今ですと8900ドルになります」と言う。シンガーが文句を言うと、店員はこう説明した。「8500ドルというのは、私が個人的な判断で申し上げた額でしたが、上司から許可が出なかったのです」

8500ドルというのはそっちが上司のところへ相談に行った直後に出してきた額じゃないか、とシンガーが詰め寄ると、店員も同情して、「8700ドルならいかがですか」と提案してきた。だが、それ以上はどうしようもないという。

怒り心頭になったシンガーは、上司と直接話をさせろと要求した。内線電話に出た上司は、「8500ドルではもうけが出ないので、8700ドルがぎりぎりの線ですね」と言う。シンガーは、ジェネラルマネージャーの名前を教えてもらい、電話を切った。

すると、すぐに電話が鳴った。上司が折り返しかけてきたのだ。店員から受話器を渡されてシンガーが電話に出ると、「価格をめぐって誤解がありましたので、8500ドルでお売りします」ということだった。

こうしてシンガーは車を手に入れた。だが、後になってディーラーは完全保証サービスをつけるのを渋った。シンガーが安い料金しか払っていないからだった。望みのものを望みの値段で手に入れたシンガーだったが、まともに扱ってもらうためにどうして顧客がこんなに労力を使わなくてはならないのかという不満が残った。

シンガーは知らなかったが、ディーラーは、故意に低い額を提示して彼が車を買う気になるように仕向け、それから価格をちょっと上げて関心をいよいよそそるという手法をとったのだ。これは人間心理を利用した、昔からよく使われている手口だ。シンガーは、高めの価格に納得しなかったので被害を免れたが、この手にひっかかる消費者は多い。

可能なかぎりコネを活用する

交渉相手を探す時は、人脈を駆使してアドバンテージを得るようにしよう。こちらと良い関係を築くことが大切だと相手に思わせることができるような人から、推薦や紹介をしてもらえれば最高だ。そうすれば、見知らぬ相手の悪辣な手口に引っかかるリスクをいくぶんか減らすことができる。

シンガーの場合も、車選びよりもディーラー選びに労力を注いでいれば展開が違ったかもしれない。友人にディーラーの評判を聞いて回ってから買い物に出かけても遅くはなかったはずだ。さらに、友人からじかに紹介してもらえれば、ディーラーにとっては、「大切なお客さま」ということになり、そうそうひどいことはされないだろう。

これからも関係が続くと考えている人を相手に交渉する時は、倫理的基準も高くなる。逆に、「もうこの人とは会うことはないな」と思えば、倫理的に問題のある手もグッと使いやすくなるものだ。

とことん質問する

交渉では常に警戒を怠らないようにしたい。相手の態度に疑問を覚えた時には、シンガーのように自分から真相を究明することが必要だ。

シンガーも、もっとうまく立ち回れたはずだ。価格について惑わせたのは店員なのだが、シンガーも店員の説明を自分に都合がいいように解釈してしまったのはまずかった。「本日お買い上げでしたら８５００ドルにいたしますが」と言われた時、シンガーはこのあいまいな言い回しについて真意をただすべきだった――。「今日中に買うと言えば、確実にその価格で売ってくれるんですね」というふうに。

質問や調査をしっかりすれば、相手の言っていることは真実かどうかが見えてくるものだ。ただし、相手が「汚い手口を使っていました」とあっさり認めるなどとは期待してはいけない。悪辣なトリックにかけられているかどうかは、自分の判断を信じるしかない。

断固たる態度で食い下がる

「何かおかしいぞ」と思ったら、断固たる態度で粘り強く対処しよう。シンガーは相手の言い分を突っぱね、自分の姿勢を貫いたことで被害を免れた。

決してやり返さない

相手がずるい手を使ってきたら、カッとしてこちらも同じことをやり返したくなるものだ。だが、それはいけない。自分の交渉の歴史を汚すような行為は避けるべきだ。それは自尊心を傷つけないためでもあり、ネゴシエーターとしての評判を落とさないためでもある。

自分も悪辣な行為に手を出した瞬間に、相手を批判する資格はなくなる。相手が倫理に反する行為をしているのなら、そこを突いて合法的に譲歩を引き出すこともできるし、法的手段に訴えることもできる。だが、こちらが相手と同じレベルに降りてしまえば、途端に倫理的な強みも法的な強みも失ってしまう。

嘘をつかずに切り返す方法を310ページの図にまとめたので、参考にしてほしい。すべての方法が法の枠内にあるが、それぞれの倫理観によっては使えないものもあるだろう。その判断は個々にお任せしたい。交渉には「汝、問われたことにはすべて答えるべし」などという決まりはない。ルールを決めるのはあなたなのだ。

巧妙なトリックに注意

最後に、交渉の場でよく使われる巧妙な戦術のいろいろを紹介しよう。明らかな「だましの手口」はこのうちの一部にすぎない。したがって、すべてがいちがいに倫理に反するとは言えない。ほとんどはポーカー派が、日常的に使っているテクニックであるし、人間関係をあまり考慮しなくていいなら現実派が使えるものも含まれているからである。

うまい話で興味をそそる

ディーラーの店員が、シンガーに示した「そんなに安くていいの」と思わせるような安値が好例である。極端な安値の提示をする相手は、本当の値段を明かす前に「契約しなくては」という

嘘をつかずに切り返す方法

下限（上限）ラインについて嘘をつくより	◆逆に相手の下限（上限）ラインを尋ねる ◆「そちらに関係のないことです」と言う ◆「口外できない決まりになっています」と言う ◆自分の目標ラインについて正直に話す ◆話題をそらす
権限がないと嘘をつくより	◆限られた権限でいいので手に入れる ◆その場で仲間に許可を得る
他に選択肢がないと嘘をつくより	◆今ある選択肢をよいものにする ◆今がいい機会であり明日になればわからないことを強調する
立場上の嘘をつくより	◆目標達成の責任を果たす ◆基準を重んじる ◆相手の利益を考慮する
嘘を使って脅すより	◆冷却期間を置く ◆第三者に仲裁に入ってもらうよう提案する
意図的に嘘をつくより	◆守れる約束だけをとりつけ、維持する
事実について嘘をつくより	◆不確定要素を強調する ◆言葉を選んでしゃべる ◆事実ではなく意見を述べる

焦りとプレッシャーを植えつけようとしているのだ。いったんこちらに「イエス」と言わせてしまえば、条件を小出しにアップしても引きずられてくることが相手にはわかっている。そこで、相手は自分に有利なように値段を高めにシフトし、さらなる条件を加えてくるのである。

うまい話には罠がある。よく相手の話を聞き、あいまいな点はその都度確認することだ。

権限があると嘘をつく

権限の有無についての嘘は2種類ある。1つは、権限を持っていないのに持っていると嘘をつくものである。ディーラーの店員が上司のところへ行き、帰ってきた直後に8500ドルと言ったのがそうだ。この手の嘘は、先ほど紹介した「うまい話で興味をそそる」時に使われることが多い。対抗するのはなかなか難しいが、何か不審に感じることがあれば、相手がうまい話をもちかけてきた時に、その根拠をはっきりと問いただそう。

2つ目は、実際に権限を持っているのに持っていないと言うパターンだ。弁護士やブローカーなどはこの手をよく使う。実は自分で決断できるのに、「私の一存では決められない」と言うのである。この問題に対処するには、「それなら権限をお持ちの方と直接交渉したい」と言うのが一番だ。

最後に、専門用語がぎっしり並んだ分厚い契約書を目の前に置いた時や、「上司から絶対と言われているから」などという「権威の脅し」には気をつけよう。相手の振りかざす「権威」が本物かどうか、しっかり判断することだ。

「ここまでやってきたのだから」と譲歩を引き出そうとする

前にも触れたが、交渉の土壇場になって、提示内容を変更したり新しい条件を付けてきたりするやり方である。この場合、相手は交渉を長引かせ、この話はきっとうまくいくと期待させて、こちらにいろいろ投資させているはずだ。すでにたくさん投資をしたので、「損をしたくない」という気持ちがこちらにわき起こり、土壇場での主張をのんでくれることを狙っているのである。

防御策としてはまず、自分がこの交渉にどれだけコストを費やしているかをしっかり把握することだ。そのうえで、相手も同じくらいの投資をしているかどうか考えよう。

善玉・悪玉を演じる

これもすでに触れた手口だ。相手は、「比較の効果」を使って、そのままでは理不尽に思える条件も常識的に見せてしまおうと企んでいるのである。

「悪玉」は法外な提示をし、強気の条件を出してくる。「善玉」は「悪玉」をなだめ、あたかもあなたの味方であるかのように振る舞って、「悪玉」を少しトーンダウンさせる。最終的にはあなたは「悪玉」との対決に勝ったような気になるが、交渉内容では実は負けてしまうことになる。

一番の対抗手段は、とにかく善玉・悪玉戦術を使われていることを見破ることだ。そして「こんなやり方をされては困る」と相手にはっきり宣言しよう。

一貫性の罠をかける

一見、何も害のなさそうな「基準」や「原則」についてこちらに同意させ、そのうえで提示内容を明らかにして、先ほどと首尾一貫した姿勢をとるように迫るというやり方である。防御するには、「基準」に合意を求められた時点でその先に罠があると読み、余計な言質を与えないことだ。

「かわりばんこ」を嫌がる

交渉において、私達は交代で質問を出したり、答えたり、譲歩したりするものだ。交代で何かをするのを嫌がったり、「それでは私どもも」と言うわりには大したことをしたりしない相手には要注意だ。相互に行動を起こすから、相手の出方に対してきっちり対応ができるのである。この基本線は譲ってはいけない。

「おまけ」を欲しがる

交渉成立の直前になって、新たに注文をつけてくる戦法である。注文自体は取るに足らない些細なもので、それだけにこちらとしては「せっかく成立しそうな交渉を壊してはいけない」と思い、無条件でのんでしまいがちだ。「ここまでやったのだから」、「こんな小さなことだし」と思わせる巧妙なやり方である。

対抗するには、きっぱりと断ろう。相手の注文に応えるなら、こちらにも必ず見返りを求めよう。

倫理問題　これで王手！

交渉における倫理は難しい問題だ。相手をあざむくことが交渉の一部であるのは否定できない事実だが、一方で、誠実な態度で交渉することが大原則であるのも事実だ。倫理に反する行為を一度でもしたら、その人の信用には傷がつく。傷は将来にまで影響する。だから無視はできない。

では、実際の交渉においては、どうやって倫理と戦術のバランスをとっていけばいいのだろうか。ここではポーカー派、理想派、現実派という3つのタイプを紹介した。自分がどれに近いか考えて、交渉における態度を決めていってはどうだろうか。

倫理について、どういう見解をもつかはあなたの判断である。最後に、一言だけアドバイスを贈りたい。誠実さを大切にするネゴシエーターは、必要ならば恥じることなく他人に説明し抗弁できるような自分なりの倫理観を胸に抱き、一貫性のある態度をとることができるはずだ。

自分なりの倫理を守って交渉するためのヒント

●自分がどんな倫理観をもって交渉に臨むのかをはっきりさせよう
●倫理に反する行為の被害を受けないために、次の点を考えてみよう
　コネを利用できないかどうかあたってみよう
　徹底的に調べ、相手の言うことを額面どおりに信じないようにしよう
　相手の質問にすべて答えなくてはいけないわけではないので、一呼吸おいて考えよう
●嘘をついてはいけない。真実を語って、なおかつ自分の利益につながる道を模索しよう

おわりに　これであなたも「できるネゴシエーター」だ

甘過ぎたら食い物にされるし、苦過ぎては吐き出される。

パシュトゥーン族の言い伝え

「交渉」という言葉を聞くと、外交官や政治家、会社のトップや弁護士などが繰り広げるドラマチックで緊迫した駆け引きを思い浮かべる人が多いだろう。だが、それは経験豊富なプロが一部の顧客の利益のために行なう交渉であり、あくまでも「花形」である。

もちろん「花形」も重要だが、それはプロにとってさえも例外的なものだ。私達は、毎日の生活のあらゆる場面で交渉に関わっている。愛する家族の病気の治療法をめぐって、病院の廊下で交わされる医師と家族との会話。反目し合う重役同士が密室で繰り広げる権力闘争。誰をリストラするかをめぐる会社経営陣の厳しい話し合い。家庭の台所で「独立」や「責任」という言葉の定義をめぐって繰り返される親子のやり取り……。これらすべてが交渉なのである。

だからこそ、誠実に人生や仕事に取り組んでいる一般の人々が、交渉を効果的に行なううえで役に立つ、信頼できる知識を手に入れることはとても大事だ。職場や地域社会、プライベートライフなど、生活のあらゆる場面で誰もが交渉をうまくこなせるためのお手伝いができたら——。

それが本書の執筆動機だった。

最後のおさらい

交渉力を向上させるには、まず自分から交渉に積極的に取り組む意欲をもつことが大切だ。決意が固まったら、交渉を成功させるための4つの姿勢――積極的に準備をする、目標を高く設定する、相手の話に耳を傾ける、誠実である――を採用しよう。「できるネゴシエーター」はこれらを必ず兼ね備えている。あなたがどんな性格の人物であろうと、どんな状況に直面していようと、この4点を押さえてしまえば大きな効果が得られるはずだ。

本書の第1部で紹介した6つのポイントは、交渉を成功へと導く基本的な布石となる。自分の交渉スタイルを知る、具体的で高い目標を設定する、使える「基準」や「原則」を探す、人間関係を活用する、相手の利害に注目する、交渉に着手する前にレバレッジを確認する――この6点について、まずはしっかり準備しよう。

次に、「ステップ1」で紹介した交渉の状況図を使って、自分の臨む交渉の状況をきっちり把握しよう。そのうえで情報交換、本交渉、成約交渉の各段階の青写真を描けばいい。カギとなるのは、状況および交渉相手との関係を正しく判断して適切な戦略を選ぶことだ。実際の交渉に際しては、常に高い倫理的基準に裏打ちされた自信ある態度で臨もう。

ここで、みなさんの交渉の「道具箱」に入れていただきたい道具をお渡しする。「協力志向」の人用と「競争志向」の人用に、2種類のセットを用意した。自分に合っている方を選んで、次の交渉にはぜひ持っていっていただきたい。きっと役に立つはずだ。

「協力志向」のあなたのための7つ道具

基本的に「協力志向」で分別のある人がまず心得るべきことは、断固たる態度で、自信をもって、用心深く交渉にあたることだ。交渉とはそもそも、激しい対立の生まれる可能性をはらんだ場だ。だから、「協力志向」の人はときに非常に厳しい道を歩まなくてはならないだろう。そんなときにきっと力になってくれる、7つのヒントを挙げておこう。

①下限ラインに気をとられすぎず、高い目標を設定する作業により多くの時間を割こう

「協力志向」の人は、まず相手のニーズを心配する傾向にある。だから、自分の下限ラインを考え、そこからちょっと上のラインで妥協しようとしてしまう。

しかし、人間は望みを高く掲げるほど、高い成果を手に入れることができるものだ。したがっ

て、下限ラインよりも自分の目標に意識を集中させよう。同時に、「自分が何を求めているのか、なぜそれを求めているのか」もしっかり把握しよう。

②交渉が決裂した時に備え、代わりの選択肢を具体的に作っておこう

「協力志向」の人は、「交渉が決裂した時にはこうしよう」という選択肢を持たずに交渉に臨み、結果として自らの首を絞めてしまうことが非常に多い。しかし、椅子を蹴って退席できないなら相手に「ノー」は言えないことになる。心しておこう。

1つの提案が合意に至らなくても、「ならば代わりにこうしよう」という案が必ずあるはずだ。それを探し出して、交渉の場に必ず持っていこう。もっと自信をもって交渉に臨めるはずだ。

③相手が「競争志向」の人物なら、代理人に交渉を任せよう

相手が「競争志向」の人物である場合、「協力志向」の人は不利な立場に立たされる。そんな時は、「競争志向」の人を探して代理人となってもらうか、少なくとも交渉チームに加わってもらおう。代理を立てることは恥でも何でもない。むしろ、慎重で賢明な行為だ。

④自分のためではなく、他人または他の理由のために交渉しよう

「競争志向」の人でさえ、自分のために交渉することには少々気が引けるものだ。「協力志向」の人ならさらに、自分の利益だけを主張していると、ひどくわがままに振る舞っているような気になることだろう。

それなら「自分のため」と考えなければいいのだ。「他の誰か」または「他の理由」のためだと考えてみよう。家族のため、スタッフのため、退職後の自分のためだっていい。他人の利益のために交渉する方が、強い態度に出られる。

⑤観客を創ろう

人間には、他人が見ている時の方が断固たる態度で交渉に臨むという傾向がある。労使交渉がしばしば紛糾するのはこのためだ。全組合員の注目を集めていることがわかっているから、組合の代表は強い態度に出るのである。

この効果を利用しない手はない。知人に交渉のことを話そう。あなたの目標と、交渉をどうやって進めるつもりかを説明しよう。結果については報告すると約束してしまえばもっといい。

る。

⑥「○○してもらえませんか。なぜなら……」と頼もう

「協力志向」の人は、相手が切り出したもっともらしい提案にほとんど「イエス」と言ってしまう。この傾向を改善するには、相手が提案をしてきた時にちょっと押し返す訓練を積む必要がある。

そこで「○○してもらえませんか。なぜなら……」というフレーズを口にする練習をしよう。「なぜなら」に続く理由がしっかりしたものであればあるほど、気後れせずに言えるはずだ。本当のことならどんな理由を使っても構わない。感情的にならずに落ち着いた口調で「なぜなら……」と言って頼めば、多くの人は好意的に応えてくれるだろう。

ハーバード大学の研究者が行なった有名な実験がある。図書館のコピー機に順番待ちの行列ができている時、列の先頭の人に対して被験者が、「すみませんが、先にコピーさせてもらえませんか」と言って割り込みを試みるという実験だ。

被験者のコピー枚数が5ページだけの場合は、「すみません。5枚なんですが、先にコピーさせてもらえませんか」という言い方に対して、60％の人がオーケーしてくれた。だが、被験者のコピー枚数が20枚になると、オーケーしてくれた人の割合は24％に急落した。

次に、被験者の申し出に「急いでいるもので」という理由を付け加えた。「すみません。5枚（20枚）なんですが、先にコピーさせてもらえませんか。急いでいるもので」と頼むと、5枚だ

けの場合は成功率94％、20枚でも42％という高い確率でオーケーがもらえた。

まずは店のレジや空港でのチェックイン、公衆電話など人が並んでいるところで、このテクニックを試してみよう。それから交渉の場で使ってみるといい。

⑦単に合意に達しただけで満足せず、相手から契約遂行の意思について言質を取ろう

「協力志向」の人は、交渉相手も自分と同じように善人だと思いがちだ。相手をすぐに信用し、合意に達しただけで十分だと考えてしまう。だが、他人をそんなに簡単に信用してはいけない。

相手の言葉だけで信頼するに足ると言える、十分な根拠があるならいい。それでもやはり、交渉に投じた資金や労力を水の泡にしないためにも、相手を信頼する根拠を確認しておこう。相手をよく知らないとか、いま一つ信頼できないという場合は、契約が実行されなければ相手にも何らかの不利益が生じるような取り決めをしておいた方がいい。

「競争志向」のあなたのための7つ道具

「競争志向」の強い常識人に必要なのは、相手のことにもっと敏感になり、理にかなった相手のニーズを察知するという努力だ。このタイプの人が、相手に対して好意的に臨むのは難しいこと

かもしれない。相手が「協力志向」の人物で、何の攻撃もしかけてこない時、相手を徹底的に叩きのめして勝負に勝ちたいという欲求を抑えるのはつらいことだろう。そんな「競争志向」の人には、次の7つの点をヒントにしてほしい。

①自分だけが勝つのではなく、双方が満足できるような結果を目指そう

「はじめに」では、「ウィン‐ウィン交渉（双方が満足できる交渉）」は単なるお題目だと述べた。だが、これは「協力志向」の人に言えることだ。「競争志向」の人にとって、「ウィン‐ウィン交渉」は、相手の立場を考えるのも大事だと教えてくれる有意義な原則である。自分も相手もより良い結果にたどり着き、なおかつ自分が一番おいしいところを得るような形での交渉成立を目指そう。

②たくさん質問をし、相手にとって何が一番大事かを探ろう

「競争志向」の人は、情報を集めてどこに自分のアドバンテージがあるかを見定めると、いきなり相手に飛びかかって交渉を始めようとする。だが、そんなに急いではいけない。相手にはさまざまなニーズがあるものだ。常に自分と同じものを求めているとは限らない。相手にとって一番大切なものが何かをつかみ、その点で自分が譲歩できるなら、自分にとって重要な点では向こう

が譲歩してくれるかもしれない。

③筋の通った「基準」や「原則」を持ち出そう

相手が常識ある人なら、「基準」や「原則」に従った主張にはきちんと反応してくれるものだ。「基準」をベースにしたアプローチが有効な時は、急いでレバレッジを使うことはない。特に、これからの人間関係が重要になってくる間柄においては、力でねじ伏せようとするよりも理にかなった主張で説得する方が、いい結果をもたらす。

④人間関係が重要な交渉は代理人に任せよう

人間関係が重要な意味をもつ交渉は、人間関係の扱いのうまい人に代理を頼むといい。代理を立てるのは恥ずかしいことではない。むしろ、慎重で賢明な行為だ。

⑤信頼されるネゴシエーターとなり、言ったことは守ろう

「競争志向」の人は、勝利が目の前に迫ると近道をしようとする傾向がある。だが、ひとたび約束を破ればどんな些細な点であっても相手は気付くだろうし、そのことをずっと覚えているだろう。

自分が信頼に足る人物だと相手にわかってもらえるような実績を積み重ねていこう。双方に信頼関係が生まれた時、その交渉からは大きな利益が生まれるはずだ。

⑥「交渉」できる時に「戦う」のはやめよう

どんな争点についても、いちいち戦って勝利を収めたがるのが「競争志向」の悪い癖である。複雑な交渉においてひとつひとつ戦っていたのでは、手にできるはずの利益も失ってしまうことになる。

したがって、複雑な交渉では、「どうでもいい点については大きく譲歩し、大事な点については少しだけ動く」という原則に従おう。争点を全体としてコントロールするのである。「もしそちらが争点AとBについて、こちらの要求を呑んでくれたら、争点XとYについては譲歩を考えてもいい」という決め台詞をうまく使っていこう。

⑦常に相手を正当に評価し、相手のプライドを傷つけないように注意しよう

誰もが自分に誇りを持っている。だから、交渉相手から「そちらが優位に立っている」と聞かされると、たとえ真実は違っていても嬉しいものだ。

だが、本当に自分が優位に立っていたとしても、相手を見下して喜んではいけない。相手にも

ふさわしい敬意を払おう。そうすれば相手は感謝してくれるはずだ。そして、いつか逆の立場になった時、かつて敬意をもって相手に対処したことが必ず意味をもつはずだ。

贈る言葉

現実的に、知的に、自分への誇りを失わずに交渉するにはどうすればいいか――。これが本書で一貫して追ってきたテーマだった。「できるネゴシエーター」を作るのは、「テクニック」が10％で残り90％が「姿勢」だと思う。

現実的に交渉しよう。交渉では、現実的な対応をしないと成果を得ることはできない。慎重に、用心深く準備をするのが一番だ。隙があったら、あなたを丸裸にしてやろうという相手もいる。そういう連中の好きにさせてはいけない。

知的に交渉しよう。交渉を成功させるためのカギは情報だ。集めた情報をうまく使って作戦を詰めていこう。置かれた状況および相手との関係を判断して、どのような戦法を使うべきか考えよう。1つの公式ですべてを解決しようなどと考えてはいけない。プランをしっかり立て、打つべき手を事前によく考えて臨むことだ。

自分への誇りを失わずに交渉しよう。志を高く持とう。それができないようでは、交渉を勝ち抜く意志も相手への敬意も生まれない。現実の交渉の中で、高いモラルを保ち続け、自分の倫理基準に沿った行動をするのは難しいことだ。だが、苦労をするだけの価値はある。

交渉とは人間の社会生活の魅力的な一面である。さぁ、今度はあなたの番だ。あなたなりの「道具箱」を携えて、交渉の現場に乗り込もう。交渉が楽しいと感じてもらえたら、著者冥利に尽きる。

付録A

交渉のスタイルアセスメントツール

あなた個人の交渉スタイルの好みを決定するために、この4ステップのプロセスに従ってください。

あまり深く問題を考えないで（選んだ答えを修正しないこと！）、下記の2つ文章からいずれか1つを選ぶこと。あなたが誰かと交渉する時、もしくは、相手と意見が一致しない時を想定して、あなたにとってより合っている文章を選んでください――どちらの文章もあなたにとって不適切でも、どちらも正解の場合でも――どちらかの文章を選択してください。仕事場や家庭内に限らず、一般的な状況を想定してください。正解だと思う文章を選ぶのではなく、あくまで、あなた自身が直感で正しいと思う文章を選択してください。同じ文章が繰り返されている場合でも、同じ答えでなくても構いません。とにかく、深く考えずに自分に合っている文章を選んで、休まずに回答を終わらせてください。選択した文章は、あなたにとって全て正解です。

全て文章を選択した後に、最初に戻って、記録したA、B、C、D、E、それぞれの数を合計してください。合計を質問の最後に書かれている結果欄に記入して下さい。

評価表に記されている合計数を選び、○で囲んでください。それぞれの○で囲まれた数値を線で結んで1本のグラフを作成して下さい。最も強い意向はグラフの上部に示され、弱い意向は下部に表示されます。

第1章に戻って交渉のスタイルを確認するか、それとも、続けて付録Aを読んで一般的な交渉のスタイルとあなたの結果を理解して下さい。

ステップ1：スタイル判断調査

1. E．私は相手との関係を維持するために、一生懸命に努力します。
   B．私は問題をあきらかにしようと試みます。
2. D．私は緊張した状況を打開しようと努力します。
   A．私は 粘り強く接することで譲歩を得ます。
3. E．私は相手の問題を解説することに集中する。
   D．私は不必要な争いを避けるように努力します。
4. C．私は公平な妥協点を模索します。
   E．私は相手との関係を維持するために、一生懸命に努力します。
5. C．私は公平な妥協案を提案します。
   D．私は個人的な対立を避けます。
6. C．私は自分達がおかれている位置の立場を探ります。
   B．私は合致できない問題点を探ります。

7. D. 私はそつなく多くの相違点を解決します。
C. 交渉の時、ギブ・アンド・テークの譲り合いを相手に求めます
8. A. 私は自分の目標を明確しています。
B. 私は他人の要求には十分に気をつけます。
9. D. 私は、他の人との対立をできるだけ避けようとします。
A. 私は言い争っても自分の主張を通します。
10. C. 私は、通常、妥協する気があります。
A. 私は相手から譲歩を得ることを好みます。
11. B. 私は、すべての問題にざっくばらんに相手と話します。
E. 私は相手から譲歩を得るよりも関係を保つようにしています。
12. D. 私は不必要なもめ事を避けるように心がけています。
C. 私は公平な妥協点を探ります。
13. C. 自分が譲る時、私は相手から同様の譲歩を期待します。
A. 交渉時、私は全ての目標を達成させようと努力します。
14. A. 私は相手に譲歩するよりも相手から譲歩を得ることを好みます。
E. 私は関係を保つことに努力します。

15. E．関係を保つために、私は相手の要求をのみます。
D．できれば、私はもめごとを他の人に任せます。
16. E．私は他人の要求に応えるようにしています。
A．私は全ての目標を達成するように一生懸命に努力します。
17. A．私は自分の目標を協議するようにしています。
D．私は同意できる点を明瞭しています。
18. E．私は常に関係を持つようにしています。
C．私は相手に譲る時、相手も同じように譲るように期待します。
19. B．私は全ての相違点を明確にして、それについて話し合います。
D．私は争いを避けるように心がけています。
20. A．私は相手に譲歩できる点をわかっています。
E．私は関係を保つように努力します。
21. B．私は全ての相違点を明確にして、それについて話し合います。
C．私はわだかまりを埋めるための譲歩を探します。
22. E．私は他のグループと良い関係を築きます。
B．私は、双方の要求を満たす選択枠を設けます。

23.
C．私は中立な位置を探します。
A．交渉の時、全ての目標を達成するように一生懸命、努力します。
24.
B．私は、全ての相違点をあきらかにして解決策を探ります。
D．私は不必要なもめ事を避けるようにしています。
25.
E．私は、相手方との関係を保とうとします。
C．私は公平な妥協点を探ります。
26.
D．私は、相手との同意点をより大切にしています。
B．私は相違点をあきらかにして、それを無視するようにします。
27.
A．私は目標達成のために努力します。
B．私は他の方々のニーズに注意を払います。
28.
C．私は公平な妥協点を探します。
B．私は全ての問題点をあきらかにしようとします。
29.
D．私は不必要な相違点を避けるようにしています。
E．私は相手の問題を解決することに集中します。
30.
A．私は目標を達成するように一生懸命、努力します。
B．私は相手の要求に応じられるように努めます。

ステップ2：結果を記録

ステップ1で選択したA、B、C、D、そして、E、それぞれの合計数を求めて、下記に記録してください：

A＝

B＝

C＝

D＝

E＝

合計（30になります）：

ステップ3：スコアをグラフ化

アルファベット5文字、それぞれの合計数をマルで囲んでください。スコア表の左の列上に〝競争―A〟と書かれています。Aの合計数を選んでマルで囲みます。次の列は〝共同―B〟と記されています。列の右端は〝順応―E〟となっています。

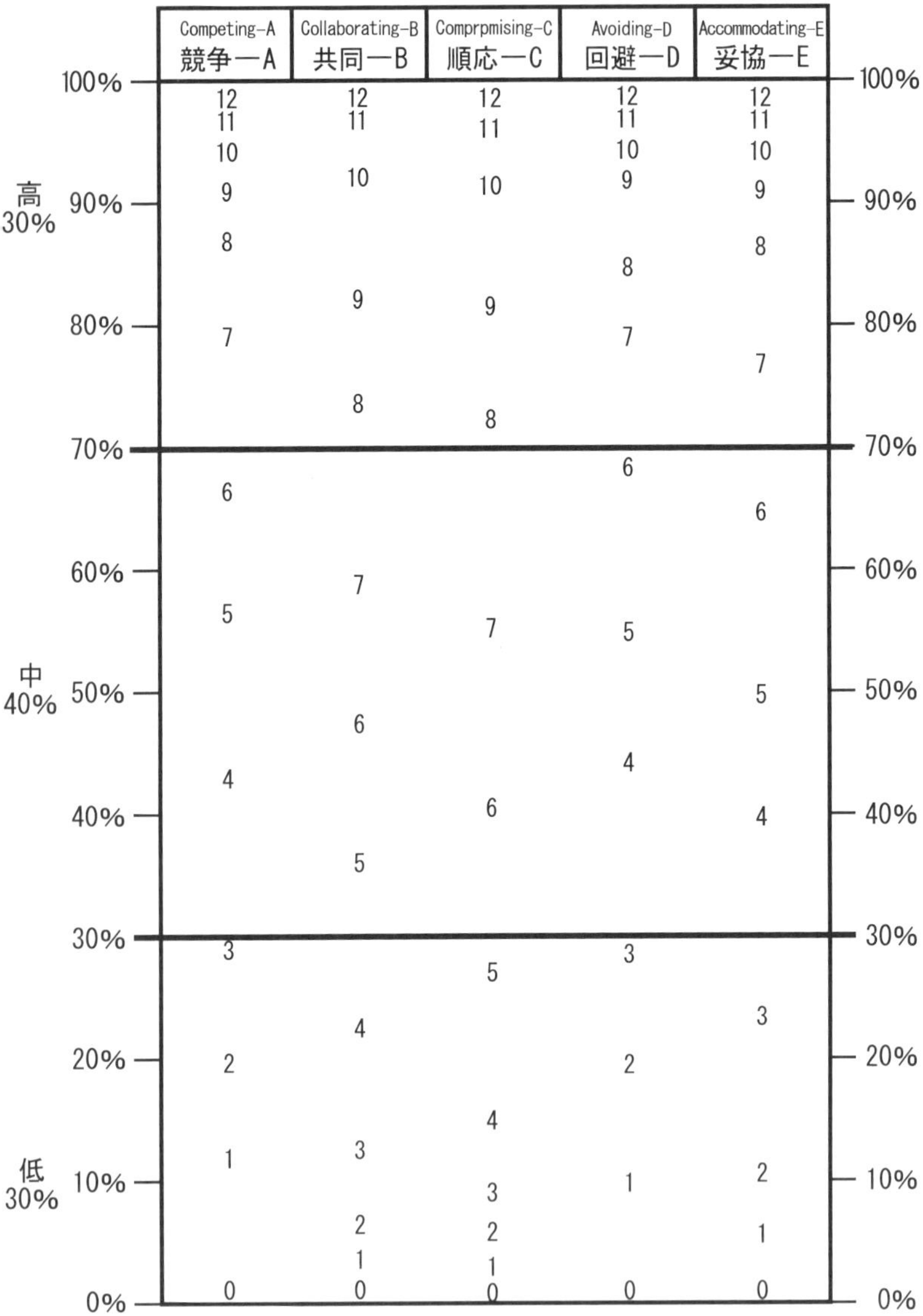

Competing-A 競争一A
Collaborating-B 共同一B
Comprpmising-C 順応一C
Avoiding-D 回避一D
Accommodating-E 妥協一E
100%
90%
80%
70%
60%
50%
40%
30%
20%
10%
0%
高 30%
中 40%
低 30%
A: 12 11 10 9 8 7 6 5 4 3 2 1 0
B: 12 11 10 9 8 7 6 5 4 3 2 1 0
C: 12 11 10 9 8 7 6 5 4 3 2 1 0
D: 12 11 10 9 8 7 6 5 4 3 2 1 0
E: 12 11 10 9 8 7 6 5 4 3 2 1 0

各列の合計数をマルで囲み、それぞれのマル印を線で結んで線グラフを作成します。グラフの上部（通常、70％以上）は、交渉時におけるあなたの強みです。グラフの下部（通常、30％以下）は、交渉術におけるあなたの弱点です。30％から70％との間に位置しているスコアは交渉時において平均的です。普通の交渉の席上では、強みをいかします。

交渉スタイルの根幹や意味を理解するためには、このまま、付録Bを読んでください。また、本書を初めて読む方は第1章に戻って、交渉スタイルのテーマを確認して下さい。詳細等については、あとで読んで理解してください。

あなたの交渉スタイルの詳細分析

個人の交渉スタイルへの興味とアセスメントツールの使用開始は、交渉術コースを設置した時にさかのぼります。その理由はいたって簡単で、交渉スタイルは、交渉の重要な役割を担っているからです。企業家のドナルド・トランプは、競争型の交渉スタイル（彼自身、誇りに思っている）を兼ね備えている。CNNのパーソナリティのラリー・キングは、共感的（彼自身、誇りに思っている）で、付き合いやすいタイプです。仮に、この二人が何らかの交渉をするとした場合、互いの交渉スタイルと相手の交渉スタイルを十分に理解してから交渉にのぞむのが好ましいでしょう。

彼等のスタイルは、比較的安定して、彼等の個性による行動と交渉相手の行動に反応しています。交渉する際、家族、文化、性別、これまでの職歴に関係していますが、特定の行動方針や傾向が表面化します。広範囲の交渉スタイルを身に付けているので、交渉の際、問題点を解決できるタイプの人物もいます。また、特定の交渉スタイルを好んで交渉する人達もいます。交渉スタイルの本来のテストとは、いくつもの戦略を使った時の個人の感情反応を調べるためです――。どの戦略を使う時、本当に楽しく満足できるのか？　どの戦略が、不安、イライラや怒りといった不愉快な感情をあなたにもたらすのか？

私は、交渉術プログラム用に、交渉スタイルのアセスメントツールを開発しました。ビジネスエグゼクティブコースを修得した多くのエグゼクティブの結果をパーセントで示した評価表に記録しました。１５００を超えるグローバルでいろいろな分野のエグゼクティブから採取したサンプルと、あなたが好む交渉スタイルを対比できます。

ここに、５つの対立する複雑な交渉スタイルを簡単にまとめました。これまで、私は多くのエグゼクティブがいろいろな戦略に対して非常に強い、また、弱い反応する様子を観測しました。交渉の時、直面する状況にも寄りますが、これらの極端な性質がネゴシエーターの強みと弱みになります。

5つの交渉スタイルとその特徴

これまで長年に渡って、私は、数千を超えるエグゼクティブや多くのプロフェッショナルと、交渉スタイルの特徴について協議してきました。想定したいろいろなスタイルを試して、その結果を確認してきました。スタイル別の相対的に高い確率（70％以上）、もしくは、低い確率（30％以下）を有したネゴシエーターが交渉する際の強みと弱みを、以下にまとめました。簡要目的として、各スタイルに名前を付けました。（高い妥協型、または、低い順応型）。各スタイルの高い、または、低いとは、そのスタイルのみです――。他は中間、普通という表現になります。現実的な仮定ではなく、便宜的な表現です。しかし、各スタイルの特徴を容易に表しています。各自の好む戦略が強みや弱みとなって、どの状況においても交渉に対する行動に深く関わっています。

順応型

強く順応する交渉タイプ。

順応型のネゴシエーターは、相手の問題を解決することに満足するタイプです。このタイプは、良好な関係を築くことに優れ、相手の感情、ボディーランゲージ、口調に敏感に反応します。社内のチーム、顧客サービスタイプのリレーションシップ・マネージメント分野での交渉に適したスタイルです。

このタイプの弱点は、交渉で得られる結果よりも友好な関係を保つことに重点をおいてしまうことです。場合によっては、競争的なタイプが苦手です。交渉相手が順応型の性格を上手く利用して交渉してくるため、このタイプは憤慨な経験をしています。

順応性が低いタイプ。

順応性が低いネゴシエーターは問題の解決策をあえて口にしないことがあります。自分の意見や考えの中で正解を探す客観的なタイプです。

順応性が低いタイプは、相手を説得することよりも自分が正しいと言うことが重要です。順応に欠けているネゴシエーターは、交渉の席上でもっとも問題点を理解しているため、グループが十分な時間を費やして最適な解決策を導こうとします。しかしながら、全く他を理解しない頑固者という印象を与えてしまいます。その結果、グループ・ディスカッションでは効果をあげられないこともしばしばあります。また、順応性が高い人達は、そうでない人達が他人に感心がないと思い込み（他人の感情や気持ちに関心が薄いため）、彼らは〝正しい答え〟を見つけることに固執していると言う偏見をもっています。

妥協型

妥協性が高いタイプ。

妥協性が高いタイプは、交渉の時、ギャップを埋めることに全力を注ぐ傾向があります。状況を公正な基準で判断して、できるだけ早く相違点を解決しようと試みます。限られた時間内、もしくは、さほど重要でない案件について交渉する場合、妥協性が高いと好都合でしょう。他人には妥協性が高い人達が、好意的で道理をわきまえた人に見えるでしょう。しかし、一方では、交渉のプロセスを焦る傾向が強く、すぐに妥協してしまいます。このタイプは、自分の想定や考えに疑問を持たず、また、相手側に十分な質問を滅多にしません。交渉の際、最初の妥協案に満足してしまい、公正な基準をもとに判断して、他に利点がある取引を行わないことがあります。

妥協性が低いタイプ。

妥協性が弱い性格の人達は、定義的には、男性も女性も個人主義です。彼らの最も大きな強みは、深刻な問題の交渉において、情熱と責任意識を呼び起こす能力です。彼らの最大の弱みは、全てにおいて大げさに騒ぎ立てることです――。他の人からすると金銭、または、それに関係した事であっても、その重要さを問題視します。他人からするとさほど重要でないことに膨大な時間を費やしているため、彼らは頑固者と思われてしまうリスクがあります――。取引成立よりも議論に勝つことに集中している。このタイプは、中立的な立場で、公平な基準をもとに物事を判断して、短時間で取引を成立させることが困難です。

順応性の低いタイプと妥協性の低いタイプを比べると、どちらも指示的です。順応性の低いタイプは（他よりも早く）、彼らが正しいと思う解決策にかかわります。妥協性の低いタイプは、彼らが正しいと思う主張や公平な議論にかかわります。どちらのタイプも他人から頑固者と思われてしまいます。

回避型

交渉を回避するタイプ。

回避性が高いネゴシエーターは、交渉の対決的な場面を先延ばしして、避けるのがうまいです。ポジティブな特質として、回避性の高い人は、上手な戦略で、しかも、外交的に相手をかわしていると言う印象を与えます。対人との相違を理解できない解決不可能の状況下では、このタイプはグループ内で上手く物事に接することができます。明確な規則、明白な意思決定権や企業内の階級制を利用して、交渉を代わってもらう手段を熟知しています。このタイプは、Ｅメール、メッセージ、代理人といった仲介を通じて、相手との対面交渉を避けるテクニックに秀でています。

対人間の葛藤が、組織、またはグループ内で起きている時、回避性の高い人は、重要な情報の流れを阻止するボトルネックになってしまいます。対人間の葛藤が増してくると、彼らは時として物事をより悪化させてしまい、あらゆる問題を引き起こしてしまいます。他人が要求をかなえようとしている時、回避性が高い人はチャンスを逃すことがあります。

回避性が低いタイプ。

回避性が低い人は、対人間のもめ事を恐れていません。往々にして、彼らはもめ事を好んでいます。率直に交渉をする高い寛容性を備えています。交渉相手と一日中、激しく戦っても、その晩には一緒に飲みに行けるタイプです。労使関係、訴訟、企業買収と言った専門職につく人は、回避性が低い方がよいでしょう。しかし、注意すべきは、機転が欠如していて、あまりに対決的な人物と見られてしまうことです。官僚的な制度の中では、回避性が低いタイプは現状のままにしておくことを拒否するトラブルメーカーとみなされるかもしれません。官僚主義や組織内の処世術的には、このタイプは受け入れられません。

共同型（問題解決型）

共同性が高いタイプ。

共同性の高いネゴシエーターは、難問解決が楽しく、交渉を好むタイプです。争われている議題に隠されている基本的な利益、認識と新しい解決を発見するために、交渉を利用することが本能的に得意です。彼らは、交渉のプロセスや流れを楽しんで、多くの人達も関われるように呼びかけたりします。彼らは、誰のためにでも最高の解決を見つけることをはっきりと正直に約束します。しかし、それは一方で、共同性が強い性質のある人達は、単純な状況や物事をより複雑に（そして、面白く）変えてしまい、新たな問題を起こします。

どちらかと言えば閉鎖的で、問題解決に時間がなく、些細なことや重要ではないことをめぐる個人間のトラベルを誘発するリスクを冒したくないと思っている人達をイライラさせることになります。共同性の高い人は、公正な分け前よりも少なく主張する他の人を必要としています。共同性が高く競争性が低いタイプの人は、相手が非常に競争的なタイプだと問題に巻き込まれてしまいます。

共同性が低いタイプ。

共同性が低い性質の人は、何か創造する際に交渉プロセスを使いません。彼らは、交渉が開始する前に、問題点が明確に定義されていることを望み、そして、交渉中は彼らが描いているゴールと当初のアジェンダだけに集中して協議しようとします。秩序正しいペースで、確固たるプランを実行するためにあらゆる手段を明快にしています。本質的に複雑な交渉事項のため、リアルタイムのブレーンストーミングが最良の方法であっても、共同性が低い人がこのプロセスに関わると流れが悪くなり、ボトルネックになってしまう可能性があります。この弱点を補う方法として、交渉プロセス中に適度にブレーキをかけて、戦略と考えをまとめる時間を作ることです。

競争型

競争性の高いタイプ。

共同性が高いタイプと同じく、競争性の高い人は交渉を楽しんでいます。しかし、その理由は全く違います。交渉が勝ち負けを明確にする場であって、彼らは勝ちたいと思っています。そのため、競争性の高い人は、交渉をゲームのように捉えて、自身のスキルを使って損得勘定に囚われてしまいます。このタイプは、交渉の開始タイミング、最終期日、また最終オファーの提示といった伝統的な交渉の場で本能的な力を発揮します。

競争性の高い人は、高額な利益がかかった交渉の席上でより興奮して、エネルギッシュになります。しかし、交渉プロセスを仕切ろうとするこのタイプは、友好な関係を築くことが難しいです。例えば、交渉というゲームの敗者は利用され、強制され、そして虐待されたと感じるかもしれません。これは、今後の取引に影響を及ぼします。また、競争性の高いタイプは、勝敗を明確に数えられるような金銭的なことに集中します。そのため、目に見えない価値を見逃してしまいます。

競争性が低いタイプ。

競争性が低い性質の人は、交渉は単なる勝ち負けとは思いません。彼らは、交渉をゲームではなくダンスのようにとらえています。ダンスのように両者にとって公平で、無駄な競争なく、問題を解決して、良い関係を築き上げることがゴールになっています。このタイプは、他から全く無害だと見られています。そのため、信用を得るべきプロフェッショナルな交渉では重要になってきます。しかし、このタイプは何か大きなものを勝ち取るべき交渉の席上では不利になります。

交渉スタイルに関するよくある質問

交渉スタイルのアセスメントツールの使用に関して、同じ質問を多数の学生やエグゼクティブから寄せられています。そこで、ここに、それらの質問と回答を載せておきます。

1．ネゴシエーターにとって最適なスコアはあるのですか？

いいえ。交渉において、最適なスコアはありません。5つのスタイルで本能的で優れているか、それとも欠けている人達は、特定の条件化では彼等の強さと弱点を示す傾向があります。どのような交渉のテーブルについているかによりますが、その強さも弱さも交渉の助けにもなり、また、妨げにもなります。交渉を専門とする職種についている場合、競争性が高いタイプと共同性が高いタイプは、彼らの仕事を楽しんでいるでしょう。販売関係、コンサルタントといった職種についている人で順応性が高くて、妥協性が高いタイプは、彼等の仕事を楽しんでいるでしょう。対照的に、外交官は平均よりも回避性が高いです。

つまり、あなたのスコアは、交渉する時、あなたのスタイルがどれぐらい、その職業に合っているのか示しています。しかし、ネゴシエーターにとって1つの正しいスタイルはありません。

2. いくつかの優先的なスタイルがある場合、それは何を意味しますか?

各自それぞれ、いくつもの優先傾向の組合せを持ち備えています。多くは、いくつかのスタイルの強い性質を持っています。人々は、交渉相手に対して、現状を分析して、彼らが好む（また、熟知している）スタイルが交渉を進めるうえで、適切なのかチェックする傾向があります。最も好ましいスタイルが不適当である（例えば、回避性が高い人が中古車を売っているとき）ならば、彼らは次の最も好ましいスタイルへ変える傾向があります。好ましいスタイルが交渉段階で機能していなければ、交渉中でも、アプローチの変更が起こり得ます。

いくつかのスタイルの組み合わせが、特徴的な結果をもたらします。例えば、競争性と共同性が高い人は、交渉の対象が大きいほど、安心して交渉します。一方で、競争性と回避性が高い人は、〝俺のやり方で交渉するか、それとも、取り止めるか〟と言った態度をとるでしょう。このタイプの人は、独自の交渉戦略が使えないと、交渉を代理人に任せるか、それとも、交渉を打ち切るでしょう。これに対して、順応性と妥協性が高い性質の人は、話し合いがシンプルで、早く、そして、公平に進む場合、または、第三者の問題解決ことが協議のテーマのとき、非常に好意的です。

3．もし、全てのスタイルで中間的なスコアの場合は？――特に、強い性質がない場合

スコアが中間に位置しているタイプの人は、比較的親近感が高く、必要に応じて、交渉の席上に呼ばれるでしょう。5つのスタイル全てで中立的なスコアの人は、どの状況でも適用できる性質です。しかし、ずっと確かな性質で、しかも、等しく経験豊かな人々に対しては、このタイプは不利かもしれません。例えば、適度な競争性の性質の人が、競争性の高い人と交渉する場合、全てのエネルギーと天性を振り絞って、話し合いに立ち向かうことになるでしょう。そのため、交渉相手はストレスなく、この状況を利用できるわけです。

4．私の交渉スタイルは、交渉相手に影響を及ぼしますか？

確実に影響を及ぼします。多くの場合、他人も同じ性質だと思い込んでいると言うリサーチ結果があります。〝下衆の勘繰り〟と言う諺があります。ですから、非常に協力的な人は、他人も同じように協力的だと思っています。

競争的な人が、協力的な人と交渉の席上についたとき、どちらとも、相手が同じ性格だと思っているため、交渉プロセスが上手く進まないことがあります。協力的な人は、情報を共有して、交渉はじめにフェアな提案をして、はじめからオープンで協力的な姿勢ですが、彼らは相手も同じようなスタンスで交渉すると思っています。

ところが、相手が競争的な人だと、交渉相手は無邪気で素朴な性格の証か、相手はテーブルの上にある金を根こそぎ奪っていくためにだましていると思ってしまうかもしれません。そうなると、協力的な人は裏切られたと思い、怒りを露わにするでしょう。競争的な人は最初に感じた相手の印象が裏付けられたと思ってしまいます。これでは交渉は全く進みません。

言い換えると、競争的な人は、自己遂行暗示的な行動にでると思っているのです。同じプロセスでも、協力的な人は全く逆で、協力的な行動が相手のガードを押し下げて、より妥当的な行動に出ると思っているのです。

これが、同じ性質の2人が出会うと、人間関係を瞬時に築き上げることができます。競争性が非常に高い性質のドナルド・トランプは、1987年発行の彼の著書「The Art of the Deal」（トランプ自伝――アメリカを変える男）の中で、〝競争的な相手がノーと言った時、意外と相手を口説く落とすことができる。相手を罵倒して、そして、褒め称える。相手も同じく暴言を吐いて、そして、褒め返す。最後に、取引が成立している。〟協力的な2人が交渉すると同じようなことが起きます。

一般的なアドバイスですが、交渉が始まった時点で、相手がどのようなスタイルで交渉するのか見極めることです。重要事項を交渉する前に小さな事項を話し合って、交渉相手のリアクションを確認します。相手はあなたの提案などに気をつけて反応している――これは、相手が協力的だと言うサインです。情報を開示しないで、できるだけ交渉の先頭に立とうとしているか――これは、相手が競争的な性質です。いずれにしても、相手をあなたと同じスタイルへ導こうとしないでください。それは時間の無駄で、相手のスタイルを受け止めて、あなたのゴール達成に集中してください。

5．時間の経過とともにスコアは変わるのか？

スコアは、回答した人がいた場所と時間に深く関係しています。もし、最近、人間関係が崩れるような酷い経験をした人がこのテストを受けた場合、この苦い経験を反省して、より協力的な選択をするかもしれません。同じく、タフな交渉に勝ち抜いた直後は、普段よりもより競争的な選択をしているかもしれません。

できる限り中立的な立場で、どちらかを選択した場合、スコアは長期的には安定した傾向を示します。もちろん、多少のズレは生じますが、各タイプのスコアは似た位置に集まります。例えば、私自身のスコアは長い間、同じで変わっていません。しかし、交渉経験が少ない若い人がキャリアの早い段階でこのテストを受けた結果は、数年後、経験を積んだ後の結果と同じではないかもしれません。

6．第一版で推奨していたトーマス・キルマンのコンフリクト・モデルと交渉スタイルアセスメントツールとの違いは？

第一版で推奨したトーマス・キルマンのコンフリクト・モデル・インストルメント（ＴＫＩ）

と交渉スタイルアセスメントツールは、共通の構造となっています。どちらとも、心理テストで用いられている自己強制型の回答選択方式を採用しています。どちらとも、1960年代中頃にブレイク教授とマウントン教授によって開発された5つのスタイル：競争、共同、順応、妥協、回避を取り入れています。

しかし、交渉スタイルアセスメントツールは、TKIで使われているステイトメントがより交渉に関係した内容になっています。TKIのコピーをコンサルティング・サイコロジスト・プレス社（CPP．com）から取り寄せて、自己採点の結果を交渉スタイルアセスメントツールの結果と比較することをお薦めします。

付録B

交渉プランニングシート

Ⅴ. 提案

オプション：共通の利害点／利益相反の排除／高い創造性

Ⅵ. 利用できそうな基準や原則

利用できるものは何か?	相手が利用できるものか何か?	どう論破するか?

Ⅶ. 第三者の行動

第三者を利用すべきか？

Ⅷ. 状況と戦略分析

自分の状況は：	自分の交渉スタイルは：	相手の状況は：	相手の戦略スタイルは：
＿＿＿取引重視型	この状況では、どうするべきか	＿＿＿取引重視型	＿＿＿競争型
＿＿＿人間関係重視型		＿＿＿人間関係重視型	＿＿＿問題解決型
＿＿＿バランス重視型		＿＿＿バランス重視型	＿＿＿妥協型
＿＿＿暗黙の協調型		＿＿＿暗黙の協調型	＿＿＿回避型
			＿＿＿順応型

Ⅸ. 適切なコミュニケーション手段

＿＿＿エージェント経由　＿＿＿電話会議　＿＿＿Eメール

＿＿＿対面　＿＿＿電話　＿＿＿メッセージ

Ⅹ. 交渉を通じての私のスローガン

今回のスローガンは何か？

交渉プランニングシート

Ⅰ. 問題

問題定義:誰とどの問題について交渉するのか

Ⅱ. 目標と判断者

最高目標:	判断者は誰か:
最低目標:	判断に影響を与えるのは誰か:

Ⅲ. 相手側の利害

共通点は何か?	対立点は何か?

Ⅳ. レバレッジ

交渉不成立の場合、何を失うか? ロスを低減させる手段と方法は?	相手は何を失うか? 相手の状況に影響を与えられるか?
影響力が度合い:□ 自分 □ 相手 □ 同等 (交渉不成立の場合、誰が最も失うのか?)	

■著者紹介

G・リチャード シェル（G.Richard Shell）

ペンシルベニア大学ウォートン・スクールの法学・企業倫理・経営学のトーマス・ゲリティ教授。「ウォートンエグゼクティブ交渉ワークショップ」と「ウォートン戦略的説得ワークショップ」のディレクターである。校外では、フォーチュン500社CEO・FBI交渉人・Google管理職・病院の看護婦など幅広いジャンルへ向け講演やセミナーを開催している。

■訳者紹介

成田博之（なりた・ひろゆき）

ノースカロライナ大学ウィルミントン校卒業。シンガポールでの銀行で約10年間、金融商品のディーリングをした後、1998年にオーストラリアに永住。現在は、日経 225先物・為替を中心に自己資本を運用するプライベート・トレーダー。訳書に『ピット・ブル』『ディナポリの秘数 フィボナッチ売買法』（ともにパンローリング出版）、）『LTCM伝説～怪物ヘッジファンドの栄光と挫折』（東洋経済新報社）、セミナー講師として、「DVD 短期売買入門セミナー」などがある。 ラリー・ウィリアムズセミナーの通訳・解説を務めるなど、ラリー・ウィリアムズ氏のパートナーとして絶大な信頼を得ている。

2016年11月3日 初版第1刷発行

フェニックスシリーズ ㊸

段階的なアプローチが分かりやすい

無理せずに勝てる交渉術

著　者　　G・リチャード・シェル

訳　者　　成田博之

発行者　　後藤康徳

発行所　　パンローリング株式会社

〒160-0023　東京都新宿区西新宿 7-9-18-6F

TEL 03-5386-7391　FAX 03-5386-7393

http://www.panrolling.com/

E-mail　info@panrolling.com

装　丁　　パンローリング装丁室

印刷・製本　　株式会社シナノ

ISBN978-4-7759-4162-1